Beginner's
DUTCH

AN EASY INTRODUCTION

Gerdi Quist and Lesley Gilbert

TEACH YOURSELF BOOKS

For UK orders queries: please contact Bookpoint Ltd, 130 Milton Park, Abingdon, Oxon OX14 4SB. Telephone: (44) 01235 400414, Fax: (44) 01235 400454. Lines are open from 9.00-6.00, Monday to Saturday, with a 24 hour message answering service. Email address: orders@bookpoint.co.uk

For U.S.A. & Canada order queries: please contact NTC/Contemporary Publishing, 4255 West Touhy Avenue, Lincolnwood, Illionois 60646-1975, U.S.A. Telephone: (847) 679 5500, Fax: (847) 679 2494.

Long-renowned as the authoritative source for self-guided learning – with more than 30 million copies sold worldwide – the *Teach Yourself* series includes over 200 titles in the fields of languages, crafts, hobbies, sports, and other leisure activities.

British Library Cataloguing in Publication Data
Quist, Gerdi
  Beginner's Dutch
  1. Dutch language – Conversation and phrase books – English
  2. Dutch language – Spoken Dutch
  I. Title II. Quist, Gerdi
  439.3'183421

Library of Congress Catalog Card Number: 96-68476

First published in UK 1997 by Hodder Headline Plc, 338 Euston Road, London NW1 3BH.

First published in US 1997 by NTC Publishing Group
4255 West Touhy Avenue, Lincolnwood (Chicago), Illinois 60646 – 1975 U.S.A.

Typeset by Transet Limited, Coventry, England.
Printed in Great Britain for Hodder and Stoughton Educational, a division of Hodder Headline Plc, 338 Euston Road, London NW1 3BH by Cox & Wyman Ltd, Reading, Berkshire.

Impression number   10   9
Year   2002   2001

CONTENTS

— INTRODUCTION —

— About the course —

This book is designed for beginners of Dutch who have little or no language learning experience. It is designed to help you communicate in the practical situations you will encounter if you go to the Netherlands or Dutch-speaking Belgium.

The authors have set out to provide a course that gives a thorough grounding in a number of basic language structures, whilst at the same time showing how use of these structures can be applied to a wide range of topics and situations.

How does this work?

The book is divided into two parts. In Part 1 a series of ten chapters, some of them fairly short, introduces you to some basic language structures. You will learn how to put together simple statements, ask questions, negate sentences (i.e. use *not* or *no*), give commands, etc. Each chapter will focus on a particular activity or activities but will also demonstrate how the language structure could be applied to a variety of topics or situations. So, for example, you will learn various forms of asking questions and then be shown how to apply them in a variety of contexts. The aim of this is to avoid rote learning of fixed expressions which can only be used in a single situation.

Part 2 consists of four longer chapters. In these chapters the structures you have learnt in Part 1 are applied even more widely and you are given much more vocabulary on situations and topics you will encounter in everyday life.

Reference to time is constantly restricted to the present and future throughout the book and only simple statements and questions are employed. This will allow you to get on top of basic structures and a fairly substantial vocabulary before proceeding to more complex aspects of the language in a later phase of study. And yet you will be surprised at how much you are able to communicate by the end of the course!

You should work through all the chapters of the book in sequence. In Part 1 you are being introduced to new structures in each chapter and these are subsequently used in combination with new material. In Part 2 there is less in the way of new structures but one or two new points are made in each chapter. However, Part 2 does contain a large amount of new vocabulary in each chapter, which may then crop up without explanation in subsequent ones.

Each chapter presents new vocabulary, structures and information first by means of a **Dialoog** (*Dialogue*) or **Tekst** (*Text*). A **Dialoog** is a conversation, mainly very brief in Part 1, more substantial in Part 2. A **Tekst** is a piece of continuous writing.

Each chapter also contains a section or sections called **Word Pattern(s)**. Here, you have explained to you how to form sentences or use particular structures. In Part 1 these sections introduce you to fundamental points, such as how to put words in the right order in the sentence, how to ask a question, etc. In Part 2 these sections give extra information about points already covered.

All chapters contain a variety of **Activiteiten** (*Activities*). These are exercises designed to help you practise the structures and vocabulary you have been given. These sections are extremely important. Part 2 builds on Part 1 and so a number of Activiteiten in part 2 are called **Herhalingsoefeningen** (*Revision Exercises*). Where you see this, it means that all the structures and vocabulary necessary to complete this exercise have already been given in previous chapters. They are designed to test how well you have absorbed the material before going on.

Because the aim of the book is to help you to apply basic language structures in a variety of situations, as the book progresses, exercises will increasingly draw on material from the whole range of material covered in the book. This is important, since it is essential before you progress to new aspects of the language that you are so at home with the basics that they do not get crowded out when you go on to more advanced language work. When you feel really comfortable with the language presented here, you can proceed to the **Teach Yourself Dutch** course, which covers more advanced points such as past tenses, and how to construct more complex sentences.

There is a full vocabulary list at the back of the book.

There is an accompanying cassette to this course. You can also follow the course without the tape; the text for each **Luisteroefening** (*listening exercise*) can be found at the back of the book in the Key.

Exercises and texts which are included on the cassette are indicated by the symbol ▣. The tape can be listened to separately for pronunciation practice and some exercises are included on the cassette which are not printed in the text. Note also that some exercises on the tape do not include the full printed version as in the book.

——— Pronunciation guide ———

It is important to get your pronunciation right from the start. Here are a few suggestions about how to do this.

- Listen to the pronunciation guide on the cassette and try to imitate the sounds and words as often as you can. If you do not have the cassette then follow these written instructions very carefully.
- When you start work on the units, listen to the dialogues on tape as often as possible and repeat them aloud until your pronunciation comes as close as possible to that of the speaker on the cassette.
- Record your own voice and then check that it sounds similar to the version on the cassette. If you know a native speaker, ask them to correct your pronunciation.
- Listen to Dutch native speakers, the Dutch radio and television and even Dutch songs to familiarise yourself with Dutch sounds.
- Fortunately, you don't have to worry too much about the stress in words since this generally falls on the first syllable.
- Keep going: with practice you will develop a reasonable accent so that you can be easily understood.

Dutch sounds

The most difficult part of Dutch pronunciation is the vowels. The vowels in Dutch are different from those in English. Here is a list with the roughly equivalent sounds in English.

		rough English equivalent
ie	**hier** (*here*)	s**ee**k
i	**dit** (*this*)	p**i**t
ee	st**ee**n (*stone*)	l**a**ne
e	m**e**t (*with*)	p**e**t
oe	b**oe**k (*book*)	b**oo**k
oo	b**oo**t (*boat*)	as in b**oa**t but shorter
o	t**o**t (*until*)	c**o**t
aa	k**aa**s (*cheese*)	as in v**a**se, but longer
a	d**a**t (*that*)	as in h**u**t, but shorter

There are many vowel sounds that have no English equivalent:

uu	min**uu**t (*minute*)	first say **ie** (as in s**ee**k), then keep your tongue in the same position and round your lips
	m**uu**r (*wall*)	same vowel, but before **r** it sounds twice as long
u	b**u**s (*bus*)	as in b**i**rd but much shorter
eu	n**eu**s (*nose*)	start with **ee** as in l**a**ne then tightly round your lips
	d**eu**r (*door*)	same vowel but before **r** it sounds like **i** in bird
ei/ij	tr**ei**n (*train*)	start with **e** in pet, open mouth wider
	v**ij**f (*five*)	and press tongue against bottom teeth
ui	h**ui**s (*house*)	start with **u** as in b**i**rd, open mouth wider and round lips
au/ou	bl**au**w (*blue*)	similar to **ou**t but shorter; start with
	k**ou**d (*cold*)	mouth wide open, keep tongue at the back of your mouth and round lips

There is one vowel sound that can be spelled in different ways and appears only in unstressed syllables. It is like the English sound in the second syllable of mot**h**er:

e	d**e** (*the*)

ee	**een** (*a / an*)
i	aar**di**g (*nice*)
ij	vrol**ij**k (*cheerful*)

Consonants are in general similar to the English sounds with a few exceptions:

k, p, t	**kat** (*cat*)	pronounced as in English but with less
	pak (*suit*)	air escaping; check by holding your hand
	tas (*bag*)	in front of your mouth and saying **kat** and '*cat*' alternately, (you should not feel air when saying **kat**).
ch	la**ch** (*laugh*)	as in Scottish lo**ch**
sch	**sch**ip (*ship*)	combination of **s** and **ch**
g	**g**oed (*good*)	as in **ch** but not as harsh, more like a gurgle
w	**w**at (*what*)	pronounced somewhere between the English **v** and **w**
	wreed (*cruel*)	before **r** sounds like English **v**
v	**v**is (*fish*)	sound is between **v** and **f**
r	**r**ood (*red*)	either trill your tongue against the back of your top teeth or pronounce it at the back of the throat like the French **r**.

Spelling

Dutch spelling is for the most part extremely regular but you do need to understand the rules.

As you work through the units you will become familiar with spellings such as **heet, kool, buur, laan** but also with **heten, kolen, buren, lanen** and you may well become confused. Here is an explanation of what is going on.

Dutch has two sets of what are called 'pure' vowels, one 'short', one 'long'. The short ones are written as follows:

a, e, i, o, u

Examples: **man, bed, dit, lot, bus**.

The long ones are written as follows:
aa, ee, oo, uu

Examples: **laan**, **been**, **boot**, **duur**.

Listen to the cassette for what the difference between 'long' and 'short' means in practice.

Dutch spelling rules depend on a convention about what are called 'open' and 'closed' syllables. A syllable is open when it ends in a vowel and closed when it ends in a consonant. An open vowel is always long. When a word has only one syllable it is easy to see whether it is long or short: e.g. **man** is a single syllable word which is closed since it ends in a consonant; **zee** is a single syllable word which is open since it ends in a vowel.

It is more difficult to see whether a syllable is open or closed in words of more than one syllable. For these you need to know where to make the break between the syllables and for this you need to understand how the rules are applied.

It is easiest to illustrate this with examples of *singulars* (one of something) and *plurals* (more than one). For example, **man** means *man* and, as has already been explained, this word contains a short **a** sound and a closed syllable. The word **maan** means *moon* and has a long vowel sound **aa** and is closed since it ends in a consonant.

In Dutch, some plurals are formed by adding -**en**. The plurals of these two words are as follows:

man → man'nen
maan → ma'nen

The apostrophe marks the break between the syllables. From this you can see that in **mannen** the **a** sound remains short because the syllable still ends with a consonant. In **manen** the **aa** sound remains long because the syllable is open and ends in a vowel. For that reason it is no longer necessary to double up the **aa** to show that the sound is long and so *moons* is spelt **manen** not **maanen**. By the same token, to ensure that the **a** sound of **man** remains short it has been necessary to double up the final consonant of the first syllable so that you have **mannen**. You can already see what would happen if the extra **n** were not there.

If a vowel sound is followed by two consonants things are much simpler because the two consonants mean that the syllable always remains closed and so the spelling **a** or **aa** will have to remain even when a syllable is added, in order to indicate whether the sound is long or short, but it will not be necessary to add a consonant after a short vowel.

arm   *arm* → **ar'men**   *arms*

Here the sound is short and remains short in the plural. There is no need to add an extra **m**.

paard   *horse* → **paar'den**   *horses*

Here the sound is long and this long **aa** has to be retained in the plural because the syllable remains closed.

Another rule which may cause some confusion concerns the use of **f** and **v** and **s** and **z**. Single syllable words ending in **f**, and which do not double up if there is a following syllable, change that spelling and the sound to **v** when a syllable is added.

brie**f**   *letter* → brie**v**en   *letters*
wer**f**   *shipyard* → wer**v**en   *shipyards*

A similar change is made when a single syllable word ending in **s** and which does not double up before a following syllable, adds a syllable. The spelling and sound change to **z**.

hui**s**   *house* → hui**z**en   *houses*
gan**s**   *goose* → gan**z**en   *geese*

These rules sound more complicated than they are in practice. Your attention will be drawn to their application at appropriate points throughout the text.

There is one more point about Dutch spelling that you should know about. In Dutch sometimes the symbol ¨ is used above a vowel. This symbol is called a *trema*. It is only used if the word without a trema could be pronounced incorrectly. For instance in the word **Belgie** without the trema the letters **ie** read as one sound as in **hier**. However the **i** and the **e** should be pronounced as two separate sounds. Thus the correct spelling is **België**.

1

Ik ben verpleegster
I am a nurse

In this unit you will learn

- how to talk about yourself
- how to provide others with information
- how to introduce others
- how to name some professions

Before you start

Read the introduction to this book. This will give you an idea of how to approach the course and how it is structured. If you have the cassette use this regularly. It will help you with the pronunciation, but will also familiarise you with listening to the language. In addition you will gradually internalise the different phrases, words and patterns that should form the basis of your competence and when this has become automatic, you will be able to apply these in many different everyday situations.

You may be new to language learning. In that case take note of the learning tips which are dispersed throughout the course. These are designed to give you some ideas about how to approach certain tasks. Different people learn in different ways. Some may prefer to learn about the rules of the language and to practise these. Others may prefer to start talking with native speakers as soon as possible and to learn phrases which they can use in real life immediately. This course is designed to cater for both these ways of learning. In general though it is a good idea if you use as many different strategies as possible. It may help you to memorise all the different words and patterns you have learnt, or you may want to practise the different patterns with the new vocabulary or new situations which you encounter. Try as many different ideas as possible, as after a while you will find you will get an idea of how you learn best. Finally, if you learn a new language, it does mean you will need to invest some time in it. The only way for language to stick is to practise (and preferably to use it in real situations), but in most cases of learning a foreign language you will have to make do with second best: exercises to help you to communicate.

It is important that you practise regularly, because each unit will include some of the new words and patterns which you have learnt in the previous units. It is better to practise only half an hour a day than one three-hour session a week.

Spelling rules

Spelling rules are given in the introduction to this book. Many people find these rules difficult, particularly before they know much Dutch. If you see spellings in the first few units that seem to change and that you can't understand, you can refer to the spelling rules on page 5 for guidance. However, if at first you still remain confused, stick to the main spelling of the word that you find in the vocabulary list. Later however you will have to get to grips with these rules.

Vocabulary

Learning many new words can be a daunting task, particularly if you haven't learnt a foreign language before. Many people devise their own strategies to help them in learning new words. This could be speaking the new words on a tape and listening to them while you are in the car or doing chores around the house. It could be writing words on post-it labels and sticking them around the house, bathroom or wherever you will see them regularly. One thing you should do is make a vocabulary list yourself of all the new words you encounter. Even though there is a vocabulary list at the end of this book, the advantage of having your own vocabulary list is that you can group the words in a way that makes it easier to remember for *you*. You could group words around topic areas or you could group words grammatically, e.g. verbs, nouns etc., whatever makes it logical for you. It is important that whenever you list a word, you list it with an example sentence (or two) so that you can learn the word in the context(s) in which it is used.

Tekst *Text*

You are working at a voluntary agency. You are compiling for the English as a Foreign Language section a list of all the volunteers who are helping pupils with English language problems. Look at these memos.

Dit is Karel Bos	*This is Karel Bos*
Hij is zakenman	*He is a businessman*
Hij spreekt Engels	*He speaks English*
en Frans	*and French*
Hij woont in	*He lives in*
Amsterdam	*Amsterdam*
Hij helpt mevrouw	*He helps Mrs Droste*
Droste	

Dit is Wieteke	*This is Wieteke*
Jansma	*Jansma*
Zij is kunstenares	*She is an artist*
Zij spreekt Engels	*She speaks English*
en Duits	*and German*
Zij woont in Arnhem	*She lives in Arnhem*
Zij helpt meneer	*She helps Mr de Bruin*
de Bruin	

Look at the patterns of these sentences. You can introduce someone by saying **Dit is** and giving his/her name. In the examples you have **Karel Bos** (*a man*) and **Wieteke Jansma** (*a woman*). Then in the example more information about these people is given. To refer to these people again, you can say **hij** (*he*) if it's a man and **zij** (*she*) if it's a woman.

 —————————— **Activiteit** ——————————

1 Look at the forms below, which give you information about a man – **meneer de Groot** (*Mr de Groot*) and a woman – **mevrouw Hanegem** (*Mrs Hanegem*).

   (a) **naam: meneer de Groot** (b) **Naam: mevrouw Hanegem**
       beroep: docent   **beroep: bankassistente**
       talen: Engels en Spaans   **talen: Engels en Italiaans**
       woonplaats: Utrecht   **woonplaats: Amersfoort**
       helpt: Jan Versteeg   **helpt: mevrouw Terpstra**

de naam	*name*
het beroep	*job, profession*
de taal	*language*
de woonplaats	*place of residence*

 Write a memo about these two people using the same pattern as in the text above.

 You have now learnt how to talk about someone else using **hij** or **zij**. But if you want to talk about yourself you use the pronoun **ik** (*I*) and if you do this the form of these verbs (the action words) will change as in the next example:

Ik ben Sara Bakker
Ik ben verpleegster
Ik spreek Engels en Frans
Ik woon in Hilversum
Ik help Mieke Jaspers

Similarly if you want to address someone you use the pronoun **jij** (*you*) and use the verbs in the form as shown below:

> **Jij bent Marco Cohen**
> **Jij bent tandarts**
> **Jij spreekt Engels and Russisch**
> **Jij woont in Leeuwarden**
> **Jij helpt Meneer Van Duin**

So you see that you have to change the form of the verb depending on the person or persons you're speaking about. Most verbs change their form according to a rule. To show you how to do this we'll take the verb **helpen**. Look at this chart:

helpen	*to help*
ik help	*I help*
jij helpt	*you help* (singular, informal)
u helpt	*you help* (singular, formal)
hij/zij/het helpt	*he/she/it helps*
wij helpen	*we help*
jullie helpen	*you help* (plural, informal)
u helpt	*you help* (plural, formal)
zij helpen	*they help*

As you can see several forms for *you* are given in the list. If you say **jij helpt**, it means you are speaking to one person; if you say **jullie helpen** it means you are speaking to more than one person (plural).

Dutch also has another form for *you*:

> **u helpt**

This is used to address one or more persons; you use it to be polite, when you don't know the person (well), when they're older or more senior than you, etc. If you address someone as **meneer** or **mevrouw** then you should use **u**.

NB All the other plural forms (other than the polite **u**) forms of present tense verbs are the same, so: **wij/jullie/zij wonen**; **wij/jullie/zij spreken**.

——————— **Activiteit** ———————

2 Write out a table for the verbs (a) **denken** (*to think*) and (b) **drinken** (*to drink*) following the pattern given for **helpen**.

Most verbs follow the same pattern. However a very few verbs do not follow any logical pattern. One of those is **zijn** (*to be*):

ik ben	*I am*
jij bent	*you are* (singular, informal)
u bent	*you are* (singular, formal)
hij/zij/het is	*he/she/it is*
wij zijn	*we are*
jullie zijn	*you are* (plural, informal)
u bent	*you are* (plural, formal)
zij zijn	*they are*

 ——————— **Beroepen** *Jobs* ———————

Note that in Dutch the female version of professions sometimes has a different form:

man	vrouw	
docent	**docente**	*teacher*
winkelassistent	**winkelassistente**	*shop assistant*
tandarts	**tandarts**	*dentist*
zakenman	**zakenvrouw**	*businessperson*
manager	**manager**	*manager*
bankassistent	**bankassistente**	*bank assistant*
verkoper	**verkoopster**	*salesperson*
verpleger	**verpleegster**	*nurse*
kunstenaar	**kunstenares**	*artist*
student	**studente**	*student*

If you have the cassette, do the activity **'Wat doet hij/zij'**. This exercise is not printed in your book.

Talen *Languages*

Frans	French
Duits	German
Nederlands	Dutch
Italiaans	Italian
Spaans	Spanish
Engels	English
Russisch	Russian
Japans	Japanese

 ─────────── **Activiteit** ───────────

3 Introduce yourself as if you were Karel Bos. Then try it as if you were meneer de Groot. Look at the information given about these people on pages 5 and 6.

 4 Here is a list of people you are going to speak to at a party. Go up to them and check who they are, using the correct form of address (e.g. **u** or **jij**). For example:

> **Meneer Verkerk: U bent meneer Verkerk?**
> **Jos Woudstra: Jij bent Jos Woudstra?**

(a) **Mevrouw Schipper (een winkelbediende)**
(b) **Wim Den Uyl (een medestudent)**
(c) **Joop Tersteeg (een kind)**
(d) **Meneer Brink (een docent)**

5 You are meeting the people who work as volunteers for your agency and you want to check that the information on your files is correct. Check with Sara Bakker and mevrouw Hanegem, about whom you already have information on page 11, that the information you have is correct. You can do this by asking them a question on the following pattern:

> **Jij bent tandarts,**   *You are a dentist, aren't you?*
> **is het niet?**
> **U spreekt Spaans,**   *You speak Spanish don't you?*
> **is het niet?**

The question is formed by adding the tag **is het niet?** to the statement. This tag is quite colloquial and, strictly speaking, is an anglicism (that is, an English form adopted into Dutch). The Dutch tag is **niet waar?**, but it has become very formal in spoken Dutch. Dutch is simpler than English because the tag is always **is het niet?**, whereas in English there are lots of different ones.

NB Think about whether or not to use the polite form for addressing your volunteers.

6 (**a**) You are collecting information about people for your organisation. First you want to file information about where people live. Using the information about people already given in the unit plus the extra information given below, write down the appropriate information. For example:

Peter van Dam woont in Den Haag
Meneer Verkerk en Jos Woudstra wonen in Haarlem

Mevrouw Schipper, Amersfoort
Joop Tersteeg, Leeuwarden
Meneer Brink, Utrecht

(**b**) Next you want to file information about the languages people speak. Using the information about people already given in the chapter plus the extra information given below, write down the appropriate information. For example:

Kees Spier spreekt Frans en Italiaans
Klaas Kortemans, Karel Bos en Sara Bakker spreken Engels en Frans

Saskia de Boer, Engels en Duits
Ruud Krol, Engels en Spaans
Sietske Zwart, Engels en Russisch

 7 Look at the map overleaf so you can locate all the place names you have encountered in this chapter, plus a few more. Say the place names out loud.

2

Waar woont u?
Where do you live?

In this unit you will learn

- how to ask for information and directions
- how to greet someone and ask how they are
- how to ask and tell the time

  ## Dialoog

Two friends talk about an acquaintance from an evening class.

Merel	Waar woont Karel eigenlijk?
Janneke	Hij woont in Haarlem.
Merel	Waar werkt hij?
Janneke	Hij werkt in Amsterdam.

eigenlijk	*actually*

——————— Word patterns ———————

Cover up the answer and try and work this question out yourself first.

Look at what Merel and Janneke say in the above dialogue and compare their sentences. What is the difference?

As the question mark will have told you, Merel is asking the questions; she wants information from Janneke. Janneke gives that information; she answers Merel.

What information does Merel want from Janneke?
She wants information about a person – Karel. She wants to know where he lives and where he works. So both her questions contain one word that is the same – **waar** (*where*). This is the question word and is the first word in her sentences. It is followed by the verb (the action word) **woont** (*lives*), **werkt** (*works*). The verb is then followed by the reference to Karel/hij, who is performing the action (the subject). This gives us the pattern

question word + verb + subject

for questions starting with a question word.

What information does Janneke give Merel?
She tells her where Karel lives and works. So both her replies begin with the action word **hij**, referring to Karel, who is performing the action. Then we get the action word **woont**, **werkt** and then we get the information that Merel wants, in this case place names – **in Haarlem**, **in Amsterdam**.

This gives us the pattern

subject + verb + information

for basic statements. You have practised this already in Unit 1.

The question word can be used to ask for information about all sorts of subjects:

Waar ben ik?
Waar woon jij?
Waar werkt u?
Waar is het?
Waar zijn wij?
Waar wonen jullie?
Waar werken zij?

But look now at these dialogues:

Jaap	Jij woont in de Wibautstraat, is het niet?
Hans	Nee, in de Blasiusstraat. Waar woon jij?
Jaap	In de Houtstraat.

Jans Jij werkt in Rotterdam, is het niet?
Ella Nee, in Den Haag. Waar werk jij?
Jans In Utrecht.

 Look at the verbs **wonen** and **werken**. What happens when you turn the statements **jij woont** and **jij werkt** into a question? The **t** drops off. This **only** happens with **jij**. In all other cases the verb form does not change. However:

> **Waar zit jij?** *Where do you sit?*
> **Waar eet jij?** *Where do you eat?*

There is a **t** here because it is part of the verbs **zitten** and **eten**. (You can check the spelling rules on page 5 as to why there are two **es** in **eet**.)

Dialoog

 At a family reunion Ellie meets her two cousins Mieke and Frans. They haven't met since they were children.

Ellie   Waar woon jij eigenlijk?
Mieke   In de Surinamestraat. Waar woon jij?
Ellie   In de Turfstraat. Waar woont Frans?
Mieke   Hij woont in de Breestraat.
Ellie   Waar werk jij eigenlijk?
Frans   Ik werk in Leiden. Waar werk jij?
Ellie   In Rotterdam. Waar werkt Mieke?
Frans   Zij werkt in Den Haag.

The word **eigenlijk** means *actually*. Ellie uses it because otherwise she would sound a little abrupt in asking where Mieke lives.

Activiteit

1   Make up a dialogue on the following pattern, using the information given in the numbers 1–6. Make sure you use the correct forms: **hij**, **zij**, **ik** or **jij**. For example:

> *Ask Mieke where Ellie lives*   – **Mieke, waar woont Ellie eigenlijk?**
> – **Zij woont in de Turfstraat.**

Ask Mieke where she works	**– Waar werk jij?**
	– Ik werk in Den Haag

(a) Ask Frans where he lives (Leeuwarden).
(b) Ask Ellie where Frans and Mieke live (Rotterdam).
(c) Ask Mieke where Janneke lives (Den Bosch).
(d) Ask Ellie where she works (Haarlem).
(e) Ask Frans where Karel works (Amsterdam).
(f) Ask Dennis and Ria where they live (Groningen).

Dialoog

Karin ontmoet Saskia op straat. *Karin meets Saskia in the street.*

Karin   Hallo Saskia. Ik zoek het huis van Peter. Waar woont hij?
Saskia   Hij woont hier aan de rechterkant.
Karin   Dank je wel.

Mevrouw Visser loopt op straat. Ze ontmoet een man. *Mrs Visser is walking in the street. She meets a man.*

Jaap   Goedemiddag mevrouw. Waar is de winkel?
Mevrouw Visser   De winkel is hier aan de linkerkant.
Jaap   Dank u wel, mevrouw.

aan de linkerkant   aan de rechterkant

ik zoek het huis van Peter	*I'm looking for Peter's house*
dank je wel	*thank you* (informal)
goedemiddag	*good morning*
dank u wel	*thank you* (formal)
de winkel	*the shop*

──────────── Activiteit ────────────

2   Now practise how to ask for information about where something is using the word **waar**, and how to give simple directions.

Identify the signs for the places shown below and give answers about them. For example:

– Waar is het museum?
– Het museum is aan de rechterkant.

het ziekenhuis het zwembad het station het museum het postkantoor het park

linkerkant	rechterkant
(a) het ziekenhuis	(d) het museum
(b) het zwembad	(e) het postkantoor
(c) het station	(f) het park

Other question words

So far, we have looked at questions which ask for information about *where* **waar** something is. There are many other types of information, however, and many different question words to indicate what information is sought. Here are some of them with accompanying exercises:

Wat *What*

Mevrouw Visser en mevrouw *Mrs Visser and Mrs de Boer*
  de Boer praten samen *are talking at a party*
  op een feest.

Mevrouw Visser Wat bent u van beroep? (*What is your job*)
Mevrouw de Boer Ik ben dokter. En u? Wat bent u van beroep?
Mevrouw Visser Ik ben secretaresse.

Mieke praat met Ellie in een bar.
Mieke is talking to Ellie in a bar

Mieke Wat doe jij? (*what do you do?*)
Ellie Ik ben docente. En jij? Wat doe jij?
      Ik ben verpleegster.

Frans ontmoet Jan

Frans Wat doe jij?
Jan Ik ben bibliothecaris.

de verpleegster	*nurse*
de bibliothecaris	*librarian*
de secretaresse	*secretary*
de dokter	*doctor*
doen	*to do*

NB There are two ways of asking what someone does for a living. One is perhaps more informal (**wat doe jij?**) the other is slightly more formal (**wat bent u van beroep?**) However both phrases could be used using the informal or formal form of address (**jij** and **u**). So mevrouw de Boer could also have asked: **Wat doet u?** Similarly Mieke could have asked **wat ben jij van beroep?** Note also the verb you use here: **wat doe jij** and not **wat ben jij?**

Activiteit

3 Ask the people below what they do and give their reply. Use the correct form of address, either **u** or **jij**.

(a) **mevrouw Kooiman**   verpleegster
(b) **Wim**   bibliothecaris
(c) **Dirk**   docent
(d) **meneer Spaans**   dokter
(e) **Jannie**   secretaresse

4 Katy and Emma are talking about a picnic party they are going to and discussing what they are bringing.

Katy Jij brengt een pizza, is het niet?
Emma Nee, een quiche. Wat breng jij?
Katy Een appeltaart.

een appeltaart	*an apple pie*
brengen	*to bring/take*

Now complete the dialogues in the same pattern as the above examples.

(a) **Hanny**   Jij drinkt wijn, is het niet?
     Marja   Nee, bier._____?

(b) **Peter**   Jij zoekt het station, is het niet?
     Helen   Nee, het postkantoor. _____?

(c) **Annie**   Jij maakt de soep, is het niet?
     Raymond Nee het slaatje. _____?

het bier	*beer*
de wijn	*wine*
maken	*to make*
de soep	*soup*
het slaatje	*salad*

Hoe *How*

Mevrouw Visser ontmoet een kennis op straat. *Mrs Visser meets an acquaintance on the street.*

Mevrouw Visser   Goedemiddag, mevrouw de Boer. Hoe gaat het?
Mevrouw De Boer   Goedemiddag. Het gaat goed. Dank u.

Mevrouw Visser praat met een klein meisje op straat.
Mrs Visser is talking to a little girl on the street.

Mevrouw Visser   Dag. Hoe heet jij?
Heleen   Ik heet Heleen. Hoe heet u?
Mevrouw Visser   Ik heet mevrouw Visser.

heten	*to be called*
goedemiddag	*good afternoon*
hoe gaat het?	*how are you?*

Note that mevrouw Visser greets in the first dialogue with **goedemiddag**. This is slightly more formal. In the second dialogue mevrouw Visser greets with **dag**. This is a slightly more informal greeting. The word **dag** is also used as a phrase to say goodbye. You now know how to say good afternoon. Check in the box below how to greet people at other times of the day.

goedemorgen	*good morning*
goedemiddag	*good afternoon*
goedenavond	*good evening*

The phrase for asking how someone is **hoe gaat het?** needs to be learned as an expression because it is completely different from English. There are different ways of answering this question:

Het gaat uitstekend   Het gaat goed   Ach, het gaat wel   Het gaat niet zo goed

Activiteit

5 Give the appropriate greeting for the following people when you meet them in the street. Provide the answer as well:

Mevrouw Dekker

Your friend Henk

(a) 13:00

(b) 9:00

(c) 10:00

(d) 20:00

Jan, a teenager

Meneer Kok

nummers *numbers 1–20*

0	nul	11	elf
1	één	12	twaalf
2	twee	13	dertien
3	drie	14	veertien
4	vier	15	vijftien
5	vijf	16	zestien
6	zes	17	zeventien
7	zeven	18	achttien
8	acht	19	negentien
9	negen	20	twintig
10	tien		

 ───────────── **Activiteit** ─────────────

 6 Listen to the three phone numbers given on the cassette and write them down.

7 Cover up the numbers above and read these following numbers out loud in Dutch:

7, 4, 12, 5, 19, 2, 8, 10, 20, 17

The clock

Mevrouw Visser met een jongen op straat
Mrs Visser with a boy on the street

Jongen Mevrouw, hoe laat is het?
Mevrouw Visser Het is tien uur.
Jongen Dank u wel.

Now you tell the time using these clocks.

Het is drie uur   Het is elf uur   Het is half acht   Het is half zes   Het is kwart voor zeven

| Het is kwart over zeven | Het is vijf voor tien | Het is tien over twaalf | Het is tien voor half acht | Het is vijf over half zes |

Activiteit

8 Make a dialogue for each of these questions, asking the time and giving the time. If you have the cassette, do this exercise while you listen. For example:

Hoe laat is het? Het is half drie.

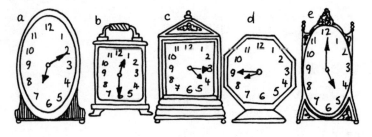

💬 *Dialoog*

Heleen in het kantoor van het cursusgebouw. *Heleen in the office of the evening class institute.*

Heleen   **Hoe laat begint de les?** *At what time does the lesson start?*
Secretaresse **De les begint om half acht.** *The lesson starts at 7.30.*
Heleen   **Hoe laat is de pauze?** *At what time is the break?*
Secretaresse **Om half negen.** *At half past eight.*

─────────── **Activiteit** ───────────

9   Answer these questions. For example:

Hoe laat begint de les? (De les begint) om half drie.

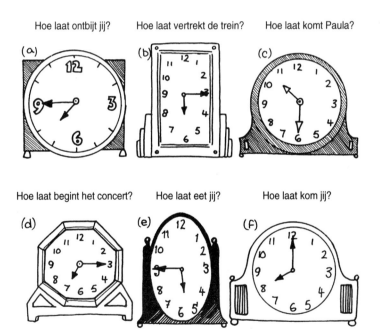

Hoe laat ontbijt jij?   Hoe laat vertrekt de trein?   Hoe laat komt Paula?

(a)   (b)   (c)

Hoe laat begint het concert?   Hoe laat eet jij?   Hoe laat kom jij?

(d)   (e)   (f)

ontbijten	*to have breakfast*
eten	*to eat*
vertrekken	*to leave*
de trein	*train*
komen	*to come*
beginnen	*to begin*

Gaan, doen, komen

Most verbs follow the pattern given for **helpen** in Unit 1. Some verbs are a little trickier. Here is how you write **komen**, **doen** and **gaan**:

ik ga	ik doe	ik kom
jij gaat	jij doet	jij komt
u gaat	u doet	u komt
hij/zij/het gaat	hij/zij/het doet	hij/zij/het komt
wij gaan	wij doen	wij komen
jullie gaan	jullie doen	jullie komen
u gaat	u doet	u komt
zij gaan	zij doen	zij komen

 ——————— **Activiteit** ———————

10 Het feest *The party*

Now you can practise everything you have learnt in this unit by making up the dialogue for two people who are planning to go to a party and then for the same people who are at the party meeting new people and talking about themselves. If you have the cassette you can do this exercise as a roleplay.

(a) Two colleagues, Paula and Roel, are talking about the party they are going to that evening.

Paula	*(Ask where the party is)*
Roel	In de Sumatrastraat, nummer 28.
Paula	*(Ask what time the party starts)*
Roel	Om 8.30.
Paula	*(Ask what he will bring)*
Roel	Een pizza en een fles wijn.

een fles wijn	*a bottle of wine*

(b) Later that evening at the party Paula meets a girl. Act out the roleplay as if you were Paula.

You *(Ask what her name is)*
Mieke Ik heet Mieke. En jij?
You *(Say your name is Paula and ask where she lives)*
Mieke Ik woon in de Breestraat. En jij?
You *(Say you live in the Weststraat and ask what she does for a living)*
Mieke Ik ben secretarese. Wat doe jij?
You *(Say that you are a teacher and ask where she works)*
Mieke Ik werk in de Kortestraat. En jij?
You *(Say you work in the Keizerstraat. Ask her what she is drinking)*
Mieke Ik drink wijn.

(c) Paula wants to introduce Mieke to Roel. Tell Roel her name, what she does and where she lives and works. Check Unit 1 to remind yourself how you introduce someone.

3

Hoeveel kosten de bananen?
How much are the bananas?

In this unit you will learn

- how to go shopping
- how to ask for prices
- how to name several kinds of food

Dialoog

Mevrouw Dekker	**Hoeveel kosten de bananen?**
Groenteboer	**ƒ4 per kilo, mevrouw.**
Mevrouw Dekker	**Een pond bananen dan graag.**
Groenteboer	**Alstublieft.**
Mevrouw Dekker	**Dank u wel.**

de banaan (plural: **bananen**)	*banana*
hoeveel	*how much/how many*
kosten	*to cost*
per	*per*
het pond	*the pound* (here 500 gr)
alstublieft (informal: **alsjeblieft**)	*please*
de groenteboer	*greengrocer's*

het fruit *fruit*

| de appel | de druif | de peer | de perzik | de tomaat |
| de appels | de druiven | de peren | de perzikken | de tomaten |

de groente *vegetables*

de wortel	de bloemkool	de aardappel	de boon	de radijs
de wortels	de bloemkolen	de aardappels	de bonen	de radijzen
		de aardappelen		

—————— Activiteit ——————

1   Ask how much the following cost. For example:
   Hoeveel kosten de druiven?

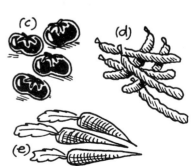

(a)   (b)   (c)   (d)   (e)

More numbers

20	twintig	60	zestig
21	eenentwintig	70	zeventig
22	tweeëntwintig	80	tachtig
23	drieëntwintig	90	negentig
24	vierentwintig	100	honderd
25	vijfentwintig	200	tweehonderd
26	zesentwintig	300	driehonderd
27	zevenentwintig	128	honderd achtentwintig
28	achtentwintig	282	tweehonderd tweeëntachtig
29	negenentwintig	465	vierhonderd vijfenzestig
30	dertig	746	zevenhonderd zesenveertig
40	veertig	1000	duizend
50	vijftig		

Note also that a **trema** (two little dots above a letter) is used, for numbers as tweeëntwintig, drieënzestig, etc. This is to avoid reading the e's as one long sound; 22 should be pronounced as twee-en-twintig and 63 as drie-en-zestig. Practise these numbers and learn them by heart. You will need to spend some time on this.

Activiteit

2 How would you say the following numbers?

(a) 36 (b) 23 (c) 65 (d) 48 (e) 56 (f) 72 (g) 84 (h) 95

Geld *Money*

The Dutch currency is the guilder, written as ƒ. Thus ƒ3,75 is **drie gulden en vijfenzeventig cent**.

Shown here are *f*5, 10 cent (**het dubbeltje**), 25 cent (**het kwartje**), 5 cent (**de stuiver**) and *f*10 (**een briefje van 10**)

NB Even though the currency unit is the cent, the 1 cent coin is no longer in circulation and prices are rounded off to the nearest 5 cents.

 ──────────── **Activiteit** ────────────

3   Ask how much the following cost and provide the answers:

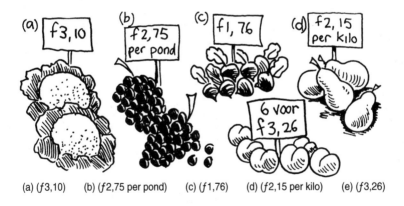

(a) (*f*3,10)   (b) (*f*2,75 per pond)   (c) (*f*1,76)   (d) (*f*2,15 per kilo)   (e) (*f*3,26)

⬛ — Hoeveel? *how much/how many?* —

Hoeveel? can be used to ask about both quantity (*how much?*) and number (*how many?*). For example:

Hoeveel flessen wijn heb je?   *How many bottles of wine have you got?*

Hoeveel sinaasappels heb je?	*How many oranges have you got?*
Hoeveel pasta eet hij?	*How much pasta does he eat?*

 ——————— **Activiteit** ———————

4 Hoeveel heb je nodig? *How much/many do you need?*

Your partner has written down the shopping list and you are checking the items together. Ask him how much is needed of the items listed below. For example:

Hoeveel flessen wijn heb je nodig?
Ik heb 3 flessen nodig.

Hoeveel tomaten heb je nodig?
Ik heb 1 kilo tomaten nodig.

(a) sinaasappels (5)
(b) pakken melk (2)
(c) flessen bier (12)
(d) bloemkolen (1)
(e) appels (1 kilo)
(f) pakken rijst (4)
(g) bonen (2 kilo)
(h) druiven (1 pond)

het pak melk	*carton of milk*
de fles	*bottle*
het pak rijst	*pack of rice*

 When you say you need something in Dutch you say, literally: *I have apples necessary* – **Ik heb appels nodig**.

Note that in the question **hoeveel flessen wijn heb je nodig?** the word **je** was used instead of **jij**. The only difference between these forms is that **jij** must be used in situations where *you* is stresed. **Je** is the unstressed version of *you*. However generally you can use either **je** or **jij** if *you* is not emphasised in the sentence. Some of the other pronouns (person words) also have an unstressed version. Look at the chart below:

stressed	unstressed
ik	–
jij	je (informal)
u	– (formal)
hij	ie (spoken language only)
zij	ze
het	't
wij	we
jullie	–
u	(formal)
zij	ze

 You will find it useful to learn this list.

The verb **hebben** *to have* does not follow the pattern for verbs, so it is given here:

ik heb	wij/we hebben
jij/je hebt	jullie hebben
u hebt/heeft	u hebt/heeft
hij/zij/het heeft	zij/ze hebben

de, het

You may have noticed that names of things (nouns) are often preceeded by the words **de** or **het** e.g. **de appel**, **het beroep**, **het fruit**. These are the Dutch words for *the*. About two thirds of the words use **de** for *the* and the remaining third of words use **het**. It is generally impossible, unfortunately, to tell from looking at a word whether it is a **de** or **het** word. You will just have to learn these words by heart.

More than one

How do you say that there are more than one (plural)? By adding -en or -s to the word (noun). There are rules when to add -en and when to add -s. Look at the chart below:

add -s when the word has at least two syllables and ends with -el, -en, -em, -er, -je
add -s when the word ends with -a, -i, -o, -u, -y
add -en to all other nouns

add -s or -'s		add -en	
de tafel *table*	de tafel**s**	**het boek** *book*	de boek**en**
de gulden *guilder*	de gulden**s**	**het ding** *thing*	de ding**en**
de kamer *room*	de kamer**s**	**de stoel** *chair*	de stoel**en**
het meisje *girl*	de meisje**s**	**de fiets** *bicycle*	de fiets**en**
de foto *photo*	de foto**'s**	**de man** *man*	de mann**en**
de auto *car*	de auto**'s**	**de maan** *moon*	de man**en**
de hobby *hobby*	de hobby**'s**		
de taxi *taxi*	de taxi**'s**		

NB All plural words use **de** for *the*.

 ——————— **Activiteit** ———————

5 Try making plurals with the words for the coins:

gulden, kwartje, rijksdaalder, dubbeltje, stuiver, cent

Dialoog

Welke wil je? *Which do you want?*

Jasper	Welke paprika's wil je?
Ine	*De paprika's uit Nederland.*
Jasper	Welke appels wil je?
Ine	*Goudreinetten voor de appeltaart.*
Jasper	En welke wijn wil je?
Ine	*Beaujolais, graag.*
Jasper	En welke kaas, wil je?
Ine	*Pitjeskaas.*

de paprika	*pepper (capsicum)*
uit Nederland	*from the Netherlands*
de goudreinet	*type of cooking apple*
de kaas	*cheese*

Pitjeskaas is a type of cheese with cumin seeds. It is also referred to as **Leidse kaas**.

NB You will see that the question word **welk/welke** has two forms. How do you know when to use which? The answer is that **welke** is used with **de-** words, including plurals, and **welk** is used with **het** words. For example:

de wijn → welke wijn?
het fruit → welk fruit?
de appels (plural) → welke appels?

Activiteit

6 Ask your partner which one he/she wants:

de kaas   de koekjes   het brood   de chips

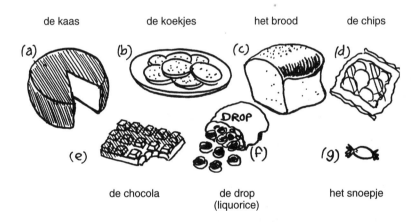

de chocola   de drop   het snoepje
                  (liquorice)

The Dutch use the words **chips** for crisps and the word **patat** for chips.

 ## Dialoog

de groenteboer   Wie is er aan de beurt?
Karin   *Ik. Twee paprika's graag.*

de groenteboer	Welke wilt u, de paprika's uit Holland of de papri-ka's uit Spanje?
Karin	*De paprika's uit Holland, graag. Mag ik ook twee kilo sinaasappels en een bloemkool?*
de groenteboer	Alstublieft, mevrouw. Anders nog iets?
Karin	*Ja, ik wil graag nog een pond tomaten.*
de groenteboer	Alstublieft. Dat was het?
Karin	*Ja, dat was het.*
de groenteboer	Dat is dan ƒ11, 30 bij elkaar.
Karin	*Alstublieft.*
de groenteboer	Dank u wel.
Karin	*Dag.*
de groenteboer	Tot ziens mevrouw.

wie is er aan de beurt?	*who is next?*
anders nog iets?	*anything else?*
Spanje	*Spain*
graag	*please*
nog	*as well*
dat was het?	*was that all*
dat is dan… bij elkaar	*that will be… altogether, then*
tot ziens	*goodbye*

 ——————— **Activiteit** ———————

7 Ask for the following:

(a) 5 sinaasappels
(b) 3 flessen wijn
(c) één bloemkool
(d) een pond bonen

 8 **Rollenspel/*Roleplay***

Now practise everything you have learnt in this unit by making up a role play, playing both roles in the shop. (If you do this with someone else then each can take a different role. Alternatively you can each design a role play yourself and compare them. Act them out afterwards.

Shopkeeper	*(greet customer)*
Customer	*return greeting and say what you want: 3 kilos of potatoes, 1 kilo of apples*
Shopkeeper	*(ask which apples)*
Customer	*(say you'd like* goudreinetten *and ask how much the peaches cost)*
Shopkeeper	*(say they cost 3* guilders *50 per pound)*
Customer	*(say you want a pound)*
Shopkeeper	*(add up the total, which comes to 9* guilders *10)*
Shopkeeper and Customer	*(exchange money and say goodbye when you leave the shop)*

4

Zij houdt van moderne kleren

She likes modern clothes

In this unit you will learn

- how to talk about your family
- how to talk about likes and dislikes in relation to clothes and food
- how to say that something is yours or someone else's

Tekst

Tania praat over foto's van haar familie.
Tania talks about pictures of her family.

Dit is mijn huis en mijn familie.
Mijn moeder leest de krant.
Mijn vader werkt in de tuin.

Wij zijn hier op vakantie.
Wij hebben twee tenten.
Mijn ouders slapen in hun tent.
Mijn zus en ik slapen in onze tent.

de familie	family
de moeder	mother
de vader	father
het huis	house
de tuin	garden
de zus	sister
slapen	to sleep
lezen	to read
de krant	newspaper
op vakantie	on holiday
slapen	to sleep

Here are the words that you use to indicate that something is yours or someone else's.

mijn	mine
jouw	your (informal)
uw	your (formal)
zijn	his
haar	her
ons/onze	our
jullie	your (informal)
uw	your (formal)
hun	their

Activiteit

1 Fill in the correct word: **haar**, **zijn**, **hun**. Use the pictures to guide you.

fiets	**auto**	**bal**
tas	**pen**	**rugzak**

(a) Dit is . . . bal.
(b) Dit is . . . auto.
(c) Dit is . . . fiets.
(d) Dit is . . . tas.
(e) Dit is . . . rugzak.
(f) Dit is . . . pen.

2 You are organising a board game and you hand out the items and tell people what to do. Look at the pictures on page 43, and complete the sentences with **jouw** or **jullie** depending on what is needed.

(a) Dit is . . . plaats.
(b) Dit zijn . . . instructies.
(c) Dit zijn . . . huizen.
(d) Dit is . . . geld.
(e) Dit is . . . sleutel.
(f) Dit zijn . . . kaarten.

plaats	sleutel
kaarten	geld
huizen	instructies

de plaats	*place*
de kaart	*card*
de sleutel	*key*

De familie

opa   en   oma

Tante Wil en oom Jan   vader en moeder   tante Nel en oom Arend

(zus)

(broer)

IK  mijn man

(zoon)   (dochter)

de opa	*grandfather*
de oma	*grandmother*
de tante	*aunt*
de oom	*uncle*
de broer	*brother*
de zus	*sister*
de zoon	*son*
de dochter	*daughter*
de man	*husband* (also man)
de vrouw	*wife* (also woman)
mijn man	*my husband*
mijn vrouw	*my wife*

The word **gezin** also means family, but it refers to a small family unit of parent(s) and children. You will also need to know the following words:

de jongen   *boy*
het meisje   *girl*

 ——————— **Activiteit** ———————

3 Look at the family tree as if this was your family. You are in the centre. Make up sentences about your family using the words below and with the verb **zijn** *to be*. Make sure you use the correct form of the verb. Make as many sentences as you can. In the key at the back of the book you will find example sentences. Obviously you will be able to make many sentences. It is therefore important that you check carefully the correct use of the verb and the word **mijn**.

You can use words to describe your relatives. For example:

     mijn opa en oma zijn oud

groot	*big*
klein	*small*
lief	*sweet, nice*
mooi	*beautiful, pretty*
vervelend	*horrible*
aardig	*nice*

Or you can use some professions. Check for these in the previous units. For example:

mijn oom is politieagent

een – a, an

You have seen that the word **een** means *one*, but it is also used in Dutch to mean *a/an*. Instead of saying **de tuin** *the garden* **het huis** *the house*, we can also say **een tuin**, **een huis** (*a garden*, *a house*). You will see that the word **een** is used for both **de** and **het** words. In the plural, you say **tuinen** (*gardens*) **huizen** (*houses*) and you don't use **een**.

———————— Activiteit ————————

4 Use the family tree again and complete the sentences below about the relationships within the family. Each sentence should be made up from the point of view of the family member in brackets. For example:

opa is ... man (oma)   →   opa is haar man

   (a)   oom Jan is ... zoon (opa)
   (b)   oom Jan is ... broer (vader)
   (c)   oma is ... moeder (tante Nel)
   (d)   vader is ... zoon (oma)
   (e)   moeder is ... vrouw (vader)
   (f)   tante Nel is ... dochter (oma)

– Kleren *Clothes* –

Tekst

Dit is mijn vriendin, Heleen.
Zij draagt altijd nieuwe kleren.
Zij houdt van moderne kleren. Zij draagt:

   lange zwarte laarzen
   een korte rode rok
   een dunne blouse

Dit is mijn oom Jan, Hij draagt vaak pakken. Hij houdt van grijs, bruin en zwart. Hij draagt:

een nette broek
een overhemd
een stropdas
een colbert
een bril

Dit is mijn broer Job. Hij houdt van sportieve kleren. Hij draagt meestal een spijkerbroek, een T-shirt en een trui.

altijd	*always*
vaak	*often*
meestal	*mostly*
nieuw	*new*
dragen	*to wear*
houden van	*to like*
lang	*long*
kort	*short*
dun	*thin*
net	*neat*
sportief	*casual*

kleren

de rok	skirt	**de laars** (plural	
de blouse	blouse	**laarzen**)	boot
het overhemd	shirt	**de schoen**	shoe
de broek	trousers	**het pak**	suit
de jas	coat, jacket	**het T-shirt**	t-shirt
de spijkerbroek	jeans	**de trui**	sweater
de stropdas	tie	**de jurk**	dress
het colbert	jacket	**de panty**	tights
de bril	glasses	**de hoed**	hat

kleuren

rood	*red*
blauw	*blue*
oranje	*orange*
bruin	*brown*
wit	*white*
geel	*yellow*
groen	*green*
paars	*purple*
grijs	*grey*
zwart	*black*

Descriptive words

You may have noticed that descriptive words (adjectives) such as **oud**, **nieuw**, **kort**, **dun**, etc. sometimes have an **-e** at the end and sometimes they don't. Look at these sentences:

de jas is oud.	no **-e** when the descriptive word comes
zijn trui is mooi	after the thing it describes
de oude jas	add **-e** if the description comes before
de groene broek	the thing it describes

het blauw**e** overhemd	*the blue shirt*
een zwart**e** jas	*a black jacket*
mijn groen**e** jurk	*my green dress*
zijn bruin**e** pak	*his brown suit*

There is a snag, though. The **-e** is left out in the following examples:

een dun overhemd	*a thin shirt*
een blauw pak	*a blue suit*

When the descriptive word refers to a **het** word (**het overhemd**, **het pak**) but is used with **een**, not **het**, you drop the **-e**. But note: dunn**e** overhemden, blauw**e** pakken. And remember; all plurals use **de**.

Naturally when you use several words to describe something or someone, all these words follow the same pattern, for instance:

Mijn kleren zijn oud en vies.
Ik draag oud**e** en viez**e** kleren. (note that the spelling of **vies** changes : see page 5)
Prinsessen dragen altijd mooi**e**, dunn**e**, witt**e** jurken.
De zakenman draagt een net, grijs pak.

vies	*dirty*
de prinses	*princess*

——————— Activiteit ———————

5 Describe what you and your friend are going to wear tomorrow. For example: **ik draag mijn witte overhemd, mijn blauwe stropdas**, etc. Use the table overleaf to help you.

	wit	blauw	rood	geel
(a) mijn	overhemd	stropdas	jas	broek
(b) een	rok	t-shirt	trui	bril
(c) een	broek	colbert	overhemd	hoed

Start sentences (a) and (b) with **ik** and sentence (c) with **hij**.

Dialoog

Josje   Ik houd van moderne kleren, en jij?
Greetje Ik houd van nette kleren.

Ik houd van is a way of saying what you like. The full verb is **houden van**, so when you talk about someone else you can say, for example: **zij houdt van klassieke muziek**.

NB You can also write the **ik** form of the verb **houden van** without the **d** at the end: **ik hou van**. This is the form you normally use in spoken language.

What do you and the members of your family like?

ik houd/hou van   witte wijn
mijn vriend houdt van   rode paprika
mijn man houdt van   zwarte kleren

✔ ——————— **Activiteit** ———————

6   Make a list of your own and your relatives' or friends' likes.

7   Complete the sentences and use the information between brackets. You do not have to use **de** or **het**. They are given here to help you in using the adjectives correctly. For example:
      mijn broer Jan houdt van (het bier, koud)
      mijn broer Jan houdt van koud bier

    (a) Ik houd van (de wijn, wit)
    (b) Jij houdt van (de paprika, rood), is het niet?
    (c) Jantien . . . . . . (de kleren, zwart)
    (d) Mijn ouders . . . . . . (de huizen, groot)
    (e) Mijn kinderen . . . . . . (de voetbalshirts, oranje)
    (f) Mandy . . . . . . (de kinderen, klein)

het kind (plural: kinderen)	*child*
het voetbalshirt	*football shirt*

Activiteit

Luisteroefening

8 A

Listen to the cassette of people describing their holiday pictures. Which of the following relatives are in the pictures they talk about? Tick the ones that are mentioned in each case. You can find the full text of this exercise in the Key.

(i) vader, moeder, opa, oma, zoon, dochter, zus, broer, oom, tante, vriend, vriendin

(ii) vader, moeder, opa, oma, zoon, dochter, zus, broer, oom, tante, vriend, vriendin

(iii) vader, moeder, opa, oma, zoon, dochter, zus, broer, oom, tante, vriend, vriendin

(iv) vader, moeder, opa, oma, zoon, dochter, zus, broer, oom, tante, vriend, vriendin

NB Vriend means *male friend* and **vriendin** means *female friend*.

B

Listen to all the fragments again and indicate what these people were wearing, if this was mentioned, by filling in the columns.

persoon	kleren
(i) oma	een grote hoed
(ii)	
(iii)	
(iv)	

9 Describe the pictures on the next page and give as much information as you can about the people in them. Say what they are wearing, what they have got and what they like to drink. You need to make use of the various words and patterns you have learnt in this and previous units. For example:

Jasmijn houdt van wijn   Jaap houdt van ...
Zij draagt . . .
Zij heeft . . .
etc.

(a)   (b)

10   Describe what you are wearing at the moment and write the sentences down. Then describe what two other people in your environment are wearing.

5

Geeft u mij maar een pilsje
A *lager for me, please*

In this unit you will learn

- how to order food in a restaurant
- how to say you don't understand something

Dialoog

Ober	Zegt u het maar.
Merel	Ik wil graag een kopje koffie.
Ober	En u, mevrouw?
Tine	Een glas rode wijn, graag.

zeggen	*to say*
ik wil graag een kopje koffie	*I would like a cup of coffee*
een glas rode wijn, graag	*a glass of red wine, please*

een kopje thee		*a cup of tea*
met melk		*with milk*
met suiker		*with sugar*
zonder melk		*without milk*
zonder suiker		*without sugar*
een glas sap		*a glass of juice*
appelsap		*apple juice*
sinaasappelsap		*orange juice*
druivensap		*grape juice*

ananassap		*pineapple juice*
een glas fris		*a cold drink*
cassis		*sparkling blackcurrant*
coca cola		*coca cola*
sinas		*sparkling orange*
limonade		*cordial*
een borrel		*a strong drink*
jenever		*gin*
whisky		*whisky*
rum		*rum*

NB Tea in the Netherlands and Flanders will always be served without milk. You will need to ask specifically for milk.

 ———————————— **Activiteit** ————————————

1 (a) order a glass of orange juice
   (b) order a glass of cordial
   (c) order a strong drink (use the general term)
   (d) ask for a cold drink (use the general term)
   (e) ask for a sparkling blackcurrant drink
   (f) ask for a tea with milk and sugar
   (g) ask for a coffee with milk and without sugar
   (h) ask for a pineapple juice

 Dialoog

 Ober   Wilt u iets bestellen?
Berend Geeft u mij maar een pilsje.
Annie Mag ik een jus d'orange?
Ober   Wilt u ook iets eten?
Annie Ja, wat neem jij?
Berend Ik wil graag een uitsmijter.
Annie Ja voor mij ook.
Ober   Een pilsje, een jus d'orange en twee uitsmijters. En de kinderen?
Tine   Geeft u hen maar patat.

iets bestellen	*to order something*
geeft u mij maar...	*..., please* (literally: *give me ..., please*)
mag ik een...?	*may I have...?*
het pilsje	*lager*
jus d'orange	*orange juice* (sometimes the French word is used rather than the Dutch 'sinaasappelsap')
iets	*something*
eten	*to eat*
nemen	*to take*
de uitsmijter	*a dish with fried eggs, bread and a salad*
geeft u hen maar...	*give them...*

Activiteit

2 Use the patterns which are used in this **dialoog** for ordering the items listed below. For example:

Geeft u mij maar een jus d'orange
mag ik een jus d'orange?

(a) a glass of white wine
(b) a cup of tea
(c) an uitsmijter
(d) a gin
(e) a grape juice
(f) soup (see unit 2)
(g) a piece of apple pie; (het) stuk means (*the*) *piece*
(h) a salad
(i) a pizza

Activiteit

This is a description of Tine and Merel (see the first **dialoog** in this unit):

Tine en Merel zitten in een restaurant. Zij bestellen iets. Merel wil een kopje koffie en Tine neemt een glas rode wijn.

zitten	*to sit*

3   Write a similar account of the story of Berend, Annie and the children in a restaurant on page 53. Use the verbs **nemen, willen** and **bestellen,** but not the verb **geven**. There will thus be several possible variations, but in the key you will find an example. Think about the correct form of the verb.

 Word Patterns

You have now learnt to perform several functions in the Dutch language. You can order in a restaurant and use various phrases for that, you can shop, you can introduce yourself and ask for specific information from others and you can say something about yourself and your family.

In addition you have started to manipulate the language itself. You can form simple sentences and you have learnt to talk about things which are yours or other people's (possessives) and you have learnt to add extra information to words to describe them (adjectives)

In this unit you have been introduced to a new pattern:

Geeft u mij maar een pilsje
Geeft u hen maar patat.

There are actually two new patterns within this sentence. Did you pick up which ones they are?

The first is that there is a change in word order: **geeft u mij...** instead of **u geeft**. The reason for this is that this sentence is not a statement about what you are giving to me; it performs a different function and gives a command of what you *should* give to me. In Dutch this is a totally acceptable way of ordering in a restaurant. You will learn more about this pattern in Unit 10.

The second is where you are introduced to new words to refer to people. The words **ik, jij, hij**, etc. are used to refer to people who are performing the action in the sentence: we have said these are the subject of the action word – the verb. We also need words to refer to people who have the action performed on them: we call these the *objects* of the action word.

So we may have:

Hij (Karel) **geeft mij een pizza** *He gives me a pizza.*

Karel (**hij**) is performing the action (**geeft**); the thing he gives is a pizza and the person for whom he performs the action is me (mij). Or we may have:
Zij (Suze) **kust hem** – *she kisses him.*

Suze (**zij**) is performing the action (**kust**); the person she performs the action on is him (**hem**).

We can also use these object words with words which tell us about the way or direction something is done, where it is, etc. – these are words such as **met** (*with*), **aan** (*to*). For example:

Ko werkt met mij in Amsterdam *Ko works with me in Amsterdam.*

 Here follows a list of these object words, with examples:

mij	*me*	hij geeft de pils aan mij
jou	*you*	ik geef de pils aan jou
u	*you*	ik geef de pils aan u
hem	*him*	ik geef de pils aan hem
haar	*her*	ik geef de pils aan haar
ons	*us*	hij geeft de pils aan ons
jullie	*you*	ik geef de pils aan jullie
u	*you*	ik geef de pils aan u
hen/hun	*them*	ik geef de pils aan hen

 ——————— **Activiteit** ———————

4   Complete the sentences below and substitute the words in brackets by one of the words in the list:

(a) Herman werkt met ... (Tania)
(b) Geef ... (ik) maar een stukje appletaart
(c) Jaap helpt ... (Jan en Luuk)
(d) Kees woont met ... (wij) samen (samen – *together*)
(e) Is dit van ... ?(jij)
(f) Ik kus ... (mijn man)

Dialoog

When the waiter brings Jan his beer, he says:

Ober	Lekker weertje, hè?
Jan	Pardon, wat zegt u? Ik begrijp u niet.
Ober	Het is lekker weer vandaag.
Jan	Neemt u mij niet kwalijk, maar wat betekent 'lekker weer'?
Ober	Spreekt u Nederlands?
Jan	Ik spreek een klein beetje Nederlands. Kunt u langzaam praten, alstublieft?

Lekker weertje, hè?	*Nice weather, isn't it?*
pardon	*sorry*
begrijpen	*to understand*
niet	*not*
maar	*but*
betekenen	*to mean*
een (heel) klein beetje	*a (very) little*
neemt u mij niet kwalijk	*I beg your pardon*
kunnen	*to be able* (can)
langzaam	*slowly, slow*

 ———————— **Activiteit** ————————

5 Op het station

Tine is at the station. She asks for information, but has trouble understanding the answers. Make up the dialogue. You may need to refer to Unit 2.

Tine	(*asks what time the train leaves*)
Lokettist	(*says at half past ten*)
Tine	(*says sorry she doesn't understand*)
Lokettist	(*asks if Tine speaks Dutch*)
Tine	(*says she speaks a little Dutch, but asks if she could speak slowly*)

de lokettiste	*ticket clerk* (female)

You will see that the word **langzaam** in the text is translated in the vocabulary box as both *slowly* and *slow*. In the text **langzaam** means slowly, because it is used to describe the verb **praten**. We call words that describe verbs *adverbs*. In English we make adverbs by adding *ly* to the end of the words that describe verbs (adverbs). In Dutch you always use the adjective without the **-e** ending.

6

Ga je vaak naar de bioscoop?

Do you go to the cinema a lot?

In this unit you will learn

- how to ask yes and no questions
- how to answer them
- how to say what country you are from
- how to fill in a form

Dialoog

Look at the following dialogues:

Ronald Bestel jij de wijn?
Chris Ja, ik bestel de wijn.
Anna Lees je de krant?
Dienke Nee, ik lees de krant **niet**.

Nellie Ben jij zijn tandarts?
Arend Nee, ik ben zijn tandarts **niet**.
Edith Kom je volgende week?
Jannie Nee, ik kom volgende week **niet**.

Let us look first at the questions. You will notice that the word order changes when you ask a yes/no question. As in questions with a question word, the verb now comes before the person or thing that the sentence is about and the sentence starts with the verb. Look carefully at the sentence **Ben jij zijn tandarts?** Remember that when you ask a question using **jij**, you need to drop the **-t**, unless it is part of the verb, e.g. **eten: jij eet → eet jij?**

Answering a yes/no question with a yes is straightforward. You just make a simple statement and do not have to change the word order. When you want to respond to a question in the negative, you need to add **niet** (*not*) to the sentence.

In the examples above **niet** came at the end of the sentence. This is often the case, although **niet** is a tricky word and there are various places that **niet** needs to go in the sentence depending on the sentence structure.

Look at these examples:

Regina	Woon jij ook in Amsterdam?
Harry	Nee, ik woon **niet in** Amsterdam.
Ineke	Werk jij in Leeuwarden?
Frieda	Nee, ik werk **niet in** Leeuwarden.
Larry	Houd je van tomaten?
Hans	Nee, ik hou **niet van** tomaten.
Hanna	Ben je hier op vakantie?
Anke	Nee, ik ben hier **niet op** vakantie.

In these examples **niet** comes before words which tell us about the way or direction something is done, where it is, etc. These words, such as **met**, **in** and **op**, are called *prepositions*.

Now look at these examples:

Ans	Zijn jouw schoenen nieuw?
Katy	Nee, mijn schoenen zijn **niet nieuw**.
Desiree	Werkt de radio goed? (*Does the radio work well?*)
Lex	Nee, de radio werkt **niet goed**.

Niet also comes before descriptive words (when they follow the word that they describe) and before adverbs (words that give extra information about a verb).

 ——————— **Activiteit** ———————

1   Answer the following questions from your own perspective. Answer with a whole sentence. In the key you will find both the positive and negative answer.

(a)   Houdt u van honden?
(b)   Houdt u van grote tuinen?
(c)   Werkt u in Groningen?
(d)   Woont u in Amersfoort?
(e)   Zijn uw schoenen oud?
(f)   Drinkt u graag thee zonder melk? (**NB graag** is an adverb here)
(g)   Bent u de nieuwe manager?
(h)   Zijn de bananen duur? (**NB duur** is an adjective here)
(i)   Gaat u naar uw werk?
(j)   Is dit uw jas?

 Look at the following dialogues:

Richard   Lees je een boek?
Karin   Nee ik lees **geen** boek.

Nico   Eet je kaas?
Lena   Nee, ik eet **geen** kaas.

Marianne Heb je appels?
Ine   Nee, ik heb **geen** appels.

Geen means *no / not any.* In Dutch you don't say *I do not have a book,* you say *I have no book.*

But:

Ik heb een boek	→	Ik heb **geen** boek
Ik heb het boek	→	Ik heb het boek **niet**
Ik heb mijn boek	→	Ik heb mijn boek **niet**

Geen is used when you say you have no book at all. **Niet** is used when you say you don't have a particular book.

 ──────────── **Activiteit** ────────────

 2   Practise answering with **geen** now by completing the following mini-dialogues. If you have the cassette, do this exercise while you listen. Answer all these questions in the negative:

(a)   Drink je melk?
(b)   Koop je appels?
(c)   Eet je chocola?
(d)   Spreek je Frans?

(e) Heb je kinderen?
(f) Neem je een uitsmijter?
(g) Wil je een slaatje?
(h) Breng jij een pizza?

kopen	to buy

 3 Now practise checking information you have about people on a list by asking yes/no questions. Formulate your questions according to patterns you know. For example:

Bent u meneer Plantinga?
Woon jij in Herenveen?
Is jouw adres Turfstraat 24?

(a) **Meneer Plantinga**
  woonplaats: Harderwijk
  beroep: politieagent
  adres: Pijlslaan 15
  postcode: 2586 AL
  telefoonnummer: 4326781

(b) **Kaatje Lijbers**
  woonplaats: Herenveen
  beroep: verpleegster
  adres: Seringenlaan 18
  postcode: 1864 KN
  telefoonnummer: 567392

Dialoog

 Kim has just met Remi in a bar and now they are exchanging more information about themselves.

Kim Werk je of studeer je?
Remi Allebei. Ik studeer bouwkunde, maar in het weekend werk ik in een restaurant.
Kim Werk je daar allang?
Remi Sinds vorig jaar.

of	or
allebei	both
daar	there
al lang	for a long time
sinds	since
vorig jaar	last year
bouwkunde	architecture

As in English you can connect short sentences by using words like **en** (*and*), **maar** (*but*) and **of** (*or*).

Activiteit

4 Read the above dialogue several times. Then continue the dialogue. As Remi gives his last answer he asks Kim for information about himself. He also wants to know whether Kim works or studies. Can you think of a way that Remi can change the topic of conversation from himself to Kim? Use the following information to develop your dialogue:

Kim says he works. He is a teacher at a school in Amsterdam and has worked there for two years. (Note that the preposition to use for *at a school* is **op**).

5 You are conducting a survey of people's leisure activities. You want to know whether they do certain things. Ask about the activities listed. For example:

tv kijken (*to watch tv*) **Kijkt u tv?**

Write out the questions based on these activities.

(a) naar de radio luisteren (*to listen to the radio*)
(b) naar restaurants gaan
(c) naar feesten gaan (*to go to parties*)
(d) wijn drinken
(e) Frans spreken
(f) pizza's eten
(g) spijkerbroeken dragen

6 Write out the same list of questions, but now put them to young people. Remember, you will have to change the form of address.

7 Now answer the questions on your list in the negative (i.e. saying *no*). For example:

naar de bioscoop (the cinema) gaan

Gaat u naar de bioscoop?
Nee, ik ga niet naar de bioscoop.

(a) naar de radio luisteren
(b) naar een restaurant gaan
(c) naar feesten gaan

Note the following example:

Leest u boeken?
Nee, ik lees geen boeken.

Answer the following questions in the same pattern:

(d) wijn drinken
(e) spijkerbroeken dragen
(f) pizza's eten
(g) tv kijken

 Look at the following sentences:

Ik ontbijt meestal om zeven uur.
Ik ga vaak om half elf naar bed.
Ik werk altijd hard.
Ik kijk soms tv.

soms	sometimes

8 You are still working on your survey, but this time you want to know how regularly people do these activities. Use the information in the chart to write out mini-dialogues with questions and answers. For example:

Gaat u vaak vroeg naar bed?
Ik ga altijd vroeg naar bed.

	vroeg naar bed gaan	lezen	in een restaurant eten	nieuwe kleren kopen
altijd	X			
vaak				X
meestal				
soms		X	X	

	vroeg naar uw werk gaan	in de tuin werken
altijd		
vaak		X
meestal	X	
soms		

vroeg	early

  Landen en nationaliteiten *Countries and nationalities*

Nederland	*the Netherlands*	Nederlands	*Dutch*
België	*Belgium*	Belgisch	*Belgian*
Vlaanderen	*Flanders*	Vlaams	*Flemish*
Engeland	*England*	Engels	*English*
Groot-Brittannië	*Great Britain*	Brits	*British*
Schotland	*Scotland*	Schots	*Scottish*
Frankrijk	*France*	Frans	*French*
Duitsland	*Germany*	Duits	*German*
Italië	*Italy*	Italiaans	*Italian*
Spanje	*Spain*	Spaans	*Spanish*
Amerika	*America*	Amerikaans	*American*
Ierland	*Ireland*	Iers	*Irish*
China	*China*	Chinees	*Chinese*
Europa	*Europe*	Europees	*European*

Sometimes when referring to your nationality you use special words depending on whether you are a male or female national of that country. An example is: **ik ben Engelsman** *I am English* (male), or **ik ben Engelse** *I am English* (female). However people often use the words in the list above. These words are descriptive words and can thus also be used to refer to things of that country. In this case you may need to add an **-e**. Check page 48 for these rules. Look at these examples:

> **Belgische chocola**
> **Nederlandse tulpen**
> **Franse kaas**
> **Brits rundvlees**

 ——————————— **Activiteit** ———————————

9 Wat is uw nationaliteit?

The following people are asked what their nationality is. Give their answers. For example:

meneer Callenbach (Dutch) → **Ik ben Nederlands.**

(a) mevrouw Hermans (Flemish)
(b) Francoise Le Lerre (French)
(c) Tony Jackson (Irish)
(d) mevrouw Wong (Chinese)
(e) Mary Brander (Scottish)
(f) Annette Braun (German)

10 Uit welk land? From which country?

Fill in the gap, using the word in brackets. For example:

Ik hou van ... humor (Engeland) → **Ik hou van Engelse humor** *(I like English humour).*

(a) Jack houdt van ... kaas (Nederland)
(b) Cynthia koopt meestal ... chips (Amerika)
(c) Ik hou van ... whisky (Schotland)
(d) Ik eet vaak ... brood (Duitsland) (**NB *het* brood**)
(e) Mijn man draagt vaak ... kleren (Italië)
(f) Wij drinken meestal ... wijn (Spanje)
(g) Tony luistert vaak naar ... muziek (Ierland)
(h) Chris kijkt meestal naar ... tv programma's (Groot Brittannië)

het programma	*programme* (**NB**: Used here in plural, thus **de programma's**)

 Dialoog

 Op de receptie

Dennis   Ik wil graag een kamer voor twee personen met bad.
Receptioniste Voor hoelang?
Dennis   Voor twee nachten.
Receptioniste Ik heb geen kamer met een bad voor u, maar ik heb een kamer met een douche.
Dennis   Dat is goed. Hoe duur is de kamer?
Receptioniste ƒ 60 per nacht.
Dennis   O.k, hoe laat is het ontbijt?
Receptioniste Vanaf zeven uur. Wat is uw naam?

Dennis   Dennis Johnson.
Receptioniste Waar komt u vandaan?
Dennis   Uit Engeland.
Receptioniste Wat is uw nationaliteit?
Dennis   Ik ben Engels.
Receptioniste U spreekt goed Nederlands.
Dennis   Dank u.
Receptioniste Heeft u een adres in Nederland?
Dennis   Burgweg 35, Papendrecht.
Receptioniste En uw telefoonnummer?
Dennis   856732.

de kamer	*room*
voor	*for*
de persoon	*person*
het bad	*bath*
de douche	*shower*
hoelang?	*how long?*
de nacht	*night*
duur	*expensive*
het ontbijt	*breakfast*
vanaf 7 uur	*from 7 o'clock*
waar komt u vandaan?	*where do you come from?*
het adres	*address*
het telefoonnummer	*phone number*

—— Activiteit: Luisteroefening ——

11 Listen to the cassette and see if you can fill in the form:

Naam
Beroep
Nationaliteit
Woonplaats
Postcode
Telefoonnummer

12 Now fill in the form with your own details.

7

Vanavond moet ik mijn haar wassen

I've got to wash my hair tonight

In this unit you will learn

- how to talk about your interests
- how to talk about the week ahead
- how to say what you have to do
- how to say what you want to do
- how to say what you are going to do

Dialoog

Anke	Ga je morgen naar het voetbal kijken?
Richard	Nee, ik moet morgen werken.
Anke	Maar Ajax speelt tegen Feyenoord!
Richard	Ik interesseer me niet voor voetbal.

morgen	*tomorrow*
het voetbal	*football*
moeten	*to have to* (must)
het elftal	*football team* (of eleven players)
tegen	*against*
ik interesseer me niet voor	*I am not interested in …*

NB Ajax and Feyenoord are two Dutch football teams.

Activiteiten *Activities*

zwemmen	*to swim*
sporten	*to play sports*
schaatsen	*to skate*
een brief aan je vriend schrijven	*to write a letter to your friend*
de school opbellen	*to phone the school*
in een restaurant eten	*to eat in a restaurant*
boodschappen doen	*to do shopping*
dansen	*to dance*
je huis schilderen	*to paint your house*

Note that instead of **jouw vriend** or **jouw huis** the word **je** is used. You can do this when the fact that it is your friend and not someone else's *isn't* stressed.

 ——————— **Activiteit** ———————

1   Using the same pattern as in the example, make up your own mini-dialogues by asking your friend, Marijke, whether she is going to do the following activities tomorrow. Give her answer saying that yes, she is. For example, ask Marijke whether she is going to dance tomorrow:

You   Ga je morgen dansen?
Marijke Ja, ik ga morgen dansen.

(a) ask whether she is going to phone the school.
(b) ask whether she is going to skate.
(c) ask whether she is going to swim.
(d) ask whether she is going to eat in a restaurant.

Now ask Marijke what she has to do tomorrow, and give her answer saying that she *has to* (use **moeten**). For example:

You   Moet je morgen werken?
Marijke Ja, ik moet morgen werken

(e) ask her whether she has to do shopping.
(f) ask her whether she has to paint her house.
(g) ask her whether she has to write a letter to her friend.
(h) ask her if she has to phone the school.

Dialoog

Ellie	Ga je morgen schaatsen?
Heleen	Nee, ik ga morgen niet schaatsen.
Ellie	Ga je morgen zwemmen?
Heleen	Nee, ik ga morgen niet zwemmen.

As you have seen, the position of **niet** in the sentence varies. Notice where it comes in these two examples. However, note also the following examples:

Ellie	Ga je morgen in een restaurant eten?
Heleen	Nee, ik ga morgen **niet** in een restaurant eten.
Ellie	Ga je morgen boodschappen doen?
Heleen	Nee, ik ga morgen **geen** boodschappen doen.

—————————— Activiteit ——————————

2   Using the same pattern as the example above, make up your own mini-dialogue by asking your friend, Marijke, whether she is going to do the following activities tomorrow. Give her answer, saying that she is not, and give an alternative activity, using the **niet** pattern. For example, ask Marijke whether she is going to dance tomorrow:

You	Ga je morgen dansen?
Marijke	Nee, ik ga morgen niet dansen, maar ik ga een brief naar mijn vriend schrijven.

(a)   ask whether she is going to phone the school tomorrow.
(b)   ask whether she is going to skate tomorrow.
(c)   ask whether she is going to swim tomorrow.
(d)   ask whether she is going to cycle tomorrow (**fietsen**).
(e)   ask her whether she is going to eat in a restaurant tomorrow.

——————————— Tijd *Time* ———————————

vanochtend	*this morning*
vanmiddag	*this afternoon*
vanavond	*this evening*
morgen	*tomorrow*

overmorgen	*the day after tomorrow*
volgende week	*next week*
volgende maand	*next month*
volgend jaar	*next year*

You will find it useful to learn this list.

—————— Activiteit ——————

3 **Example: ask Frans whether he is going to eat in a Chinese restaurant this evening**

Ga je vanavond in een chinees restaurant eten?

(a) Ask Frans whether he is going to go skating the day after tomorrow
(b) Ask him if he is going to play sports this evening
(c) Ask him if he is going to phone the school next week
(d) Ask him if he is going to go shopping this afternoon
(e) Ask him if he is going to paint his house next year

If you are lucky enough to know a native speaker who is prepared to help you with vocabulary, you could ask him or her to help you to extend the list of activities to fit in with your own situation. You can then write out an activity plan for yourself, whether based on work or on leisure interests, using the following pattern:

Ik ga vanavond televisie kijken
Ik ga volgend jaar een nieuwe baan zoeken (look for a new job).

Word patterns

In this unit you have been using a new word pattern. Can you detect what was different?

The difference is that you have been using two verbs in the same sentence. The first one, the main verb, is where you expect it to be, either at the start of the sentence in a question or after the subject in the main statement. The form of this verb changes depending on who or what the sentence is about. For example, if the question: **Ga je morgen naar het voetbal kijken?** were changed into whether Frans were going to watch football, it would be: **Gaat Frans morgen naar het voetbal kijken?**

The second verb in these sentences comes right at the end. This verb at the end does not change its form and is called the *infinitive*. There doesn't always have to be a second verb in the sentence. For instance you could have asked:

Ga je morgen naar het museum?
> **het postkantoor?** (the post office)
> **de universiteit?** (the university)
> **de disco?**
> **de bioscoop?** (the cinema)
> **de schouwburg?** (the theatre)
> **het concert?**

No second verb is needed here. Practise these questions.

In our first dialogue, Richard replied that he wasn't interested in football. Which other phrase could he have used? He could have said:

Ik hou niet van voetbal.

You need to learn the phrase **ik interesseer me (niet) voor** ... by heart for the moment. In Unit 12 we will be discussing that little word **me** in this context.

 —————— **Activiteit** ——————

4 Say that you are not interested in:

(a) **moderne kunst** (modern art)
(b) **politiek** (politics)
(c) **science fiction**
(d) **sport**
(e) **popmuziek** (pop music)

5 Say that you are interested in:

(a) **klassieke muziek** (classical music)
(b) **Nederlandse literatuur** (Dutch literature)
(c) **autotechniek** (car engineering)
(d) **toneel** (drama)

 6 Make up these role plays using the patterns given in the first dialogue in this unit. The third reply is given. Think about the correct register to use.

(a)

You	(*Ask whether he is going to the cinema tomorrow*)
Meneer de Bruin	(*Say that you have to go swimming tomorrow*)
You	Maar er draait een goede griezelfilm.
Meneer de Bruin	(*Say that you're not interested in horror films*)

(b)

You	(*Ask if she is going to the concert tonight*)
Silvia	(*Say that you have to write a letter to your parents*)
You	Maar **Blur** speelt!
Silvia	(*Say that you're not interested in pop music*)

Dagen van de week	*Days of the week*
maandag	*Monday*
dinsdag	*Tuesday*
woensdag	*Wednesday*
donderdag	*Thursday*
vrijdag	*Friday*
zaterdag	*Saturday*
zondag	*Sunday*

Learn these. Note that in Dutch the names of the weekdays are not written with a capital.

 —————————— **Activiteit** ——————————

7 Fill in the gaps.

(a) Welke dag is het vandaag? Vandaag is het ...
(b) Welke dag is het morgen? Morgen is het ...
(c) De dagen in het weekend zijn ...
(d) De dag na woensdag is ... (**na** means *after*)
(e) De dag voor woensdag is ... (**voor** means *before*)
(f) De dag na zondag is ...
(g) De dag voor zaterdag is ...

Dialoog

De afspraak   *The appointment*

Annemieke	Wat zullen we morgen doen?
Josje	Zullen we naar de nieuwe tentoonstelling in het Stedelijk gaan?
Annemieke	Ja leuk. O nee, ik kan morgen niet.
Josje	Vrijdag dan?
Annemieke	Ja, vrijdag is o.k.
Josje	Hoe laat zullen we afspreken?
Annemieke	Om half elf bij de ingang?
Josje	Goed. Tot morgen dan.

zullen	*shall*
de tentoonstelling	*exhibition*
het Stedelijk	*(museum) – the museum of modern art in Amsterdam*
ik kan ... niet	*I can't ...*
afspreken	*to make an appointment*
hoe laat zullen we afspreken	*what time shall we say?*
de ingang	*entrance*
tot morgen	*see you tomorrow*
dan	*then*

First read the dialogue out loud and check you are thoroughly familiar with the vocabulary and the meaning.

Activiteit

8   Read the dialogue again, but this time you have to substitute certain words.

Ask what you and your partner should do on Saturday. Your partner suggests going to a Chinese restaurant. You are keen, but you can't make it on Saturday, but you can on Sunday. Arrange to meet at 2.15 at the entrance.

Read this new dialogue out loud and then write it down. You can check the answers in the key.

🎵 Word Patterns

You may have noticed that the pattern of two verbs in a sentence is fairly common. However you can only combine a few verbs with an infinitive (the full verb at the end). The most common ones are: **zullen** (*shall*), **mogen** (*may*), **moeten** (*must*), **kunnen** (*can*), and **willen** (*want*). These verbs are irregular, so you have to learn the various forms.

zullen	mogen	moeten	kunnen	willen
ik zal	ik mag	ik moet	ik kan	ik wil
jij zal	jij mag	jij moet	jij kan	jij wilt
u zal	u mag	u moet	u kan	u wilt
hij/zij zal	hij/zij mag	hij/zij moet	hij/zij kan	hij/zij wil
het zal	het mag	het moet	het kan	het wil
wij zullen	wij mogen	wij moeten	wij kunnen	wij willen
jullie zullen	jullie mogen	jullie moeten	jullie kunnen	jullie willen
u zal	u mag	u moet	u kan	u wilt
zij zullen	zij mogen	zij moeten	zij kunnen	zij willen

Agenda

7 maandagavond: met Tine naar de bioscoop gaan

8 dinsdagmorgen: een appeltaart maken

9 woensdagochtend: mijn huiswerk maken

10 donderdag

11 vrijdagmiddag: het artikel over moderne kunst lezen

12 zaterdag

13 zondag

de ochtend/de morgen	*morning*
de middag	*afternoon*
de avond	*evening*
het huiswerk	*homework*
het artikel	(reading) *article*

The words for morning, afternoon and evening are placed after the names of the weekdays to indicate specifically which part of the day you are talking about. For example:

donderdagmiddag
vrijdagavond
dinsdagochtend or **dinsdagmorgen**

Note that there is no difference between **ochtend** or **morgen**. Both words mean the same thing.

Dialoog

Wat ga je donderdagmiddag doen?
Donderdagmiddag ga **ik** mevrouw Kooistra met haar taallessen helpen.
(Thursday afternoon I am going to help Mrs Kooistra with her language lesson).
Or:
Ik ga **donderdagmiddag** mevrouw Kooistra met haar taallessen helpen.

Note that when you have a statement you can begin the sentence with a word other than the subject. Often expressions of time, e.g. **morgen** or **zaterdag**, occupy this place in the sentence. However when this happens, the verb remains in second position and then the subject comes straight after the verb. If you have a question, however, where the sentence begins either with a question word or with the verb, you cannot put expressions of time in front of them.

 ——————— **Activiteit** ———————

9 Make up a dialogue, similar to the example above, for each of the entries in the diary on page 75.

10 Look at these entries in Jan's diary:

(a) Ask Jan what he is going to do on these days and also provide his response. Say it first out loud and then write it down. Make sure you alter the form of the main verb as necessary.

(b) Marjan is asking you about Jan's activities. She wants to know what he is going to do on Saturday afternoon and Sunday morning. Make a mini-dialogue with her questions and your answers

11 Look at the following entries in the diary of Kees and Maria below.

  (a) Ask them what they are going to do on these days and provide the answers.

  (b) Piet is asking you what Kees and Maria are doing on Friday evening and Saturday morning. Make a mini-dialogue with his questions and your answers.

> **(vrijdagvond) Maria's verjaardag vieren**   *celebrate Maria's birthday*
> **(zaterdagochtend) langs de dijk fietsen**   *cycle along the dyke*

12 Look at this list of activities:

> **mijn haar wassen**   *to wash my hair*
> **in de tuin werken**   *to work in the garden*
> **les 6 herhalen**   *to revise lesson 6*
> **eten koken**   *to cook dinner* (literally: to cook food)
> **mijn zoon met zijn huiswerk helpen**   *to help my son with his homework*
> **naar het feest van Maria gaan**   *to go to Maria's party*
> **een cadeau voor Maria kopen**   *to buy a present for Maria*
> **foto's in het museum maken**   *to take pictures in the museum*

Use the verbs **gaan, mogen, moeten, willen** and **kunnen** to make sentences about these activities listed above. Which verb you use depends on what seems appropriate to you, whether you can, want, are allowed or have to do these activities. In the key you will find some sample sentences. Again if you know a native speaker, you may want to ask him/her to help you to extend this list. You can then write several sentences about what you want to, can, may or must do. For example:

> **Ik moet mijn haar wassen**
> **Ik wil in de tuin werken**

You have now learnt to say that you can, must, want to or are going to do something. Look at the following sentences to see how you say you do *not* want to or can't or mustn't do something:

> **Ik kan morgen geen cadeau voor Maria kopen.**
> **Je mag hier geen foto's maken.**

The use of the word **geen** is the same as in Unit 6. Note, however, the following examples:

> Ik kan mijn zoon **niet** helpen.
> Ik wil les zes **niet** herhalen.

Note that **niet** doesn't come right at the end of the sentence here, but just before the last verb in the sentence. The place of **niet** in the sentence remains the same in all the other sentence structures that you have encountered in Unit 6:

Before a preposition:

Ik kan mijn zoon **niet met** zijn huiswerk helpen.

Ik wil **niet bij** de ingang afspreken.

Before an adverb:

Mijn zoon kan nog **niet goed** praten.

(My son can't talk properly yet.)

Before an adjective which comes after the noun:

Ik ga mijn huisdeur **niet blauw** schilderen. *(I am not going to paint my front door blue.)*

 ——————— **Activiteit** ———————

 13 Simon's mother asks him whether he will do the following activities, but he answers every time that he doesn't want to do them. Complete the dialogues using **geen**. If you have the cassette, do this exercise while you listen. For example:

Ga je voetbal spelen?

Nee, ik wil geen voetbal spelen.

(a)	**Simons moeder**	Ga ja een boek lezen?
	Simon	Nee, ...
(b)	**Simons moeder**	Ga je snoepjes kopen?
	Simon	Nee, ...
(c)	**Simons moeder**	Ga je een tekening maken?
	Simon	Nee, ...
(d)	**Simons moeder**	Ga je piano spelen?
	Simon	Nee, ...

NB To answer the following questions you will need to use **niet**. For example:

Ga je je huiswerk maken?

Nee, ik wil mijn huiswerk niet maken.

(e)	**Simons moeder**	Ga, je je haar wassen?
	Simon	Nee, ...
(f)	**Simons moeder**	Ga je opa helpen?
	Simon	Nee, ...
(g)	**Simons moeder**	Ga je met Sieme zwemmen?
	Simon	Nee, ...

een tekening maken	*to do a drawing*
piano spelen	*to play the piano*

In this unit you have learnt a lot of new vocabulary and more complex sentence structures. Make sure you understand these structures before you move on to the next unit. If you still have problems with some word patterns go over the section in this or previous units that deal with that point. Also work on your vocabulary list. If you haven't started one yet, as was suggested in Unit 1, start one now. It will help you to absorb the different words, so that you can use them again in different situations.

8

Deze sinaasappels zijn goedkoper
These oranges are cheaper

In this unit you will learn

- how to compare things
- how to order a meal

 ## Bij de groenteboer *At the greengrocer's*

Wieteke	Wat zullen we nemen?
Gerrit	Ik heb zin in bonen vanavond.
Wieteke	De bonen zijn een beetje duur.
Gerrit	Hm ja. De erwten zijn goedkoper. Zullen we die maar doen?
Wieteke	We hebben ook sinaasappelen nodig. Welke zullen we nemen?
Gerrit	Deze zijn goedkoper, maar ze zijn ook kleiner.

ik heb zin in ...	*I fancy ...*
een beetje	*a little bit*
duur	*expensive*
de erwten	*pea*
goedkoop	*cheap*
die	*those, that one*
deze	*these, this one*

In het restaurant

Wieteke	Neem jij het dagmenu?
Gerrit	Ik heb eigenlijk zin in biefstuk, maar dat is duurder dan het dagmenu.
Wieteke	Dan neem je het dagmenu toch? Dat vind je toch ook lekker?

het dagmenu	*menu of the day*
de biefstuk	*steak*
dat vind je toch ook lekker?	*you like that as well, don't you?*

Often you will find little words (such as **toch**) in speaking and writing which you cannot translate directly. Do not bother about these words at the moment, but observe them in the context in which they are used. There will come a point when you will be able to use them correctly yourself.

Read the dialogues out loud and study the new vocabulary. Think also about the way the sentences are constructed.

Activiteit

1 Look at this list:

de vakantie	*holiday*
een glas wijn	*a glass of wine*
een Italiaanse maaltijd	*an Italian meal*
Chinees eten	*Chinese food*
een lange wandeling	*a long walk*
een belegd broodje	*a roll with butter and sandwich filling*
een warme zomer	*a warm summer*
een groot feest	*a big party*

There is a separate exercise on the cassette for this activity.

Waar heeft u zin in?/Waar heb je zin in?

Mevrouw Dijkstal	een groot feest
Erwin	een Italiaanse maaltijd
Pieter	de vakantie
Meneer Paardekoper	een lange wandeling

a) Make up mini-dialogues and ask each of the people on page 82 what they fancy and give their responses. After you have practised saying the dialogues out loud, write them down. Think about the correct register.

b) Write down for each of these people what they fancy. For example:

Mevouw Dijkstal heeft zin in een groot feest.

c) Write down for yourself what you fancy. Perhaps you could add to the list.

Word patterns

In the first dialogue in this unit Wieteke and Gerrit are deciding what to buy; in doing so, they are comparing the various kinds of produce on display. Which words indicate that they are comparing? The words that show this are **goedkoper** *cheaper* and **kleiner** *smaller*.

In Unit 4 you were introduced to words which described things and people – adjectives. You can also use these adjectives to compare things and people, as is done here. To do that in Dutch you add **-er** to the adjective, as we do in English. So:

goedkoop → goedkop**er**
klein → klein**er**

However in the second dialogue you may have noticed that **duur** received an extra **d**. Adjectives ending with **r** get a **d** added before **-er**, thus: **duurder**.

 —————— **Activiteit** ——————

2 Answer the following questions and put the words between brackets in the correct form. For example:

Welke bloemen *(flowers)* wil je? Deze of die?
Ik vind die blauwe ... (mooi) → *Ik vind die blauwe **mooier**.*

(a) Wie vraag *(ask)* je op je feestje Hans of Margaret?
Hans, denk ik. Ik vind hem ... (aardig)

(b) Welke appels vind je lekker? De rode of de groene?
Ik vind de rode ... (lekker). De groene zijn ... (zuur) (sour)

(c) Welke koekjes wil je? Deze of die?
Ik vind de ronde koekjes ... (lekker). Die zijn ... (zoet)

(d) Welke auto wil je hebben? Een Ford Galaxy of een Ferrari?
Een Ford Galaxy is ... (groot), maar een Ferrari is ... (snel)

vragen	*to ask*
de bloem	*flower*
rond	*round*
zoet	*sweet*
snel	*fast*

Look at question 2 above: **Welke appels vind je lekker? De rode of de groene?** In English we would say: *Which apples do you like? The red ones or the green ones?* In Dutch you just use the adjective with **e** on the end and **de** or **het** in front.

If you compare two things directly you must add the word **dan** (*than*).

Een Ford Galaxy is grot**er dan** een Ferrari.

Look also at these examples:

Deze bananen zijn bruin**er dan** die bananen.
Dit huis is grot**er dan** dat huis.
Deze CD is duurd**er dan** die.
Dit schilderij is mooi**er dan** dat.

Look at this chart which shows you when to use **dit** or **deze**, **dat** or **die**.

	het-word	**de**-word
this/these	**dit**	**deze**
that/those	**dat**	**die**

Activiteit

3 Now answer the questions from exercise 2 above comparing all the objects directly. For example:

Welke bloemen wil je? Deze of die?
Ik vind deze bloemen mooier dan die bloemen.

4 Complete using **die** or **dat**. Also fill in the correct form of the word between brackets. For example:

Wil je in die stoel zitten?
Nee, ... stoel zit ... (lekker) → *Nee, deze stoel zit lekkerder.*

saai	boring

  (a) Vind je dit boek moeilijk?
       Nee, ik vind ... boek ... (moeilijk)
  (b) Vind je deze gele broek mooi?
       Nee, ik vind ... rode broek ... (mooi)
  (c) Wil je deze krant hebben?
       Nee, ik vind ... krant ... (interessant).
  (d) Vind je dit artikel saai?
       Nee, ik vind ... artikel ... (saai)

Activiteit

5 Vergelijk deze plaatjes *Compare these pictures*

Lex

meneer Heeringa

klein	lang
vrolijk (*jolly*)	verdrietig/depressief
optimistisch (*optimistic*)	pessimistisch (*pessimistic*)
jong	oud
modern	ouderwets (*old-fashioned*)

Write sentences comparing these people. For example:

Lex is kleiner dan meneer Herringa. Meneer Herringa is langer dan Lex.

6 Now write a comparison of these two paintings:

Mondriaan **Compositie met rood, geel en blauw**
Reproduced by permission of the Stedelijk Museum, Amsterdam

You could refer to the characteristics of the painting as well as to your opinion. For example:

Het schilderij van Vermeer is donkerder dan het schilderij van Mondriaan.
Ik vind het schilderij van Mondriaan vrolijker, mooier, etc. dan het schilderij van Vermeer.

Perhaps this list of characteristics may be of help:

abstract	*abstract*	**donker**	*dark*
realistisch	*realistic*	**licht**	*light*
vreemd	*strange*	**modern**	*modern*
boeiend	*interesting*	**traditioneel**	*traditional*

Vermeer **Gezicht op Delft**
Reproduced by permission of the Mauritshuis, The Hague

 ——————— **Activiteit** ———————

7 Write a comparison of two major public figures. They could be sporting heroes, political figures or even figures in the royal family.

Use adjectives you have already had and some from this list in your description.

conservatief	*conservative*	**slank**	*slim*
progressief	*progressive*	**aantrekkelijk**	*attractive*
tolerant	*tolerant*	**intelligent**	*intelligent*
agressief	*aggressive*	**dom**	*stupid*
dik	*fat*	**stijf**	*stiff*

9

Ogenblikje, ik verbind u even door

Hold on a moment, I'll just put you through

In this unit you will learn

- how to arrange to meet somewhere
- how to have a telephone conversation

Dialoog

Marijke	Met Marijke Smit.
Linda	Hallo, met Linda.
Marijke	O hallo, waar ben je?
Linda	Ik sta op het station en neem straks de trein van half 6. De trein komt om vijf over zes in Amersfoort aan. Haal je me van het station op?
Marijke	Goed, ik kom je zo ophalen.
Linda	Tot straks. Dag.
Marijke	Ja, tot zo.

het station	*station*
tot straks	*see you later* (literally: till later)
de trein	*train*
komt ... aan (aankomen)	*to arrive*
haal ... af (afhalen)	*to pick up*

Een auto met chauffeur voor 6 gulden per rit.

Hoe werkt Treintaxi

Iedere treinreiziger kan voor ƒ 6,- een Treintaxi-biljet kopen aan het NS-loket.

Bij het instappen overhandigt u het biljet aan de Treintaxi-chauffeur.

De Treintaxi-chauffeur wacht maximaal 10 minuten op eventuele medepassagiers.

De Treintaxi rijdt in een bepaald gebied rondom 111 stations.

De Treintaxi kan u ook ophalen en naar het station brengen. Bel dan een half uur voordat u wilt vertrekken naar de plaatselijke Treintaxi-centrale.

de rit	*ride*
het biljet	*ticket*
de passagier	*passenger*
bepaald	*particular*
het gebied	*area*
voordat	*before*
plaatselijk	*local*

Zo and **straks** mean the same in this context: *in a little while / later*.

———————— Activiteit ————————

1   Read the advertisement for the 'treintaxi', and answer the following questions in Dutch.

(a) Hoeveel kost een treintaxi-biljet?
(b) Aan wie geeft u het biljet bij het instappen?
(c) Hoe lang wacht de chauffeur op andere passagiers?
(d) Bij hoeveel stations staat een treintaxi?
(e) Wat kan de treintaxi nog meer voor u doen?

de restauratie · restaurant at a station
bij uitstek · par excellence
het hapje · bite
de ontmoetingsplek · meeting place

Dialoog

Meisje	Hallo, u spreekt met kapsalon Leonard.
Mevrouw Houtman	Met mevrouw Houtman. Ik heb een afspraak voor morgen maar ik moet dat helaas afzeggen. Kan ik voor een andere keer afspreken?
Meisje	Komt vrijdag u goed uit?
Mevrouw Houtman	Nee, dat komt mij niet zo goed uit. Donderdag is beter.
Meisje	Om 10 uur?
Mevrouw Houtman	Ja dat is goed. Dan spreken we donderdag om 10 uur af.

u spreekt met ...	*... speaking*
de kapsalon	*hairdresser's*
helaas	*unfortunately*
afzeggen	*cancel*
een andere keer	*another time*
komt vrijdag u goed uit?	*does Friday suit you?*
beter	*better*

- ● Read the dialogues out loud.
- ● Look at the meaning of the sentences.
- ● Read it again and look carefully at the way the sentences are put together.
- ● Learn any new words and expressions and write them in your vocabulary system.

What are the ways to say goodbye in Dutch?

Marijke en Linda use **tot ziens** and **tot straks**, which both mean *see you in a little while*. If they did not know when they would meet again, but they felt certain they would meet again, they could say **tot ziens**. Similarly if they knew they would meet again in the evening or the next morning, they could have said **tot vanavond** or **tot morgen**.

2 (a) What would they have said if they were going to meet again this afternoon?
   (b) And what would they have said if they were going to meet again on Sunday?
   (c) And on Wednesday?
   (d) And on Tuesday?
   (e) And what if they were going to meet again next week?
   (f) And next month?

Dag is another way of saying goodbye. However it is also used for *hello*. When **dag** is used as a greeting, then the pronunciation is short. If you have the cassette, listen to how it sounds. Practise this:

dag Arend
dag Ineke
dag Richard
dag Carol

When **dag** is used as a goodbye, it is normally pronounced with an extended *ah* sound as in **dahag**. Practise this:

tot ziens
dag (dahag)
tot straks
dag (dahag)

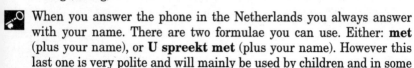

When you answer the phone in the Netherlands you always answer with your name. There are two formulae you can use. Either: **met** (plus your name), or **U spreekt met** (plus your name). However this last one is very polite and will mainly be used by children and in some work situations. Look at these examples:

Met Anja Heimans.
Dag Anja, is Berend thuis?
Hij is naar zijn moeder vandaag, maar hij is vanavond weer thuis.
Goed, ik bel hem vanavond wel.

Met de afdeling Personeelszaken.
Kan ik met meneer de Haan spreken?
Ogenblikje, ik verbind u even door.

thuis	at home
weer	again
de afdeling	department
personeelszaken	personnel
ogenblikje	one moment please
verbind ... door (doorverbinden)	*to put through* (by phone)

Words like **wel** and **even** are again these little words that have no specific meaning even though they may influence the feeling of what is said. **Wel** emphasises the contrast here between not being at home and being there in the evening. **Even** indicates that it is something which is done easily. It could translate here as *just*.

 ——————— **Activiteit** ———————

3 Which two phrases are used on the phone to ask to talk to someone?

4 (a) Ask if you can talk to meneer Plantinga.
    (b) Ask if Menno is at home.

5 Make up the dialogues for the following situations:

    (a) You are phoning your friend Alice. Her husband, Dirk Jansen, answers the phone and answers that Alice is at a party, but that she will be home tomorrow. You say you will phone tomorrow.

(b) You are phoning the loans department of your local bank. You ask for Mrs Blom and the girl who answers the phone says she will put you through.

de afdeling leningen	*loans department*

 ## Word patterns

Go back to the first two dialogues in this unit and look at the verbs **afhalen** and **afspreken**. Do you notice anything different in the way they are used? Sometimes these verbs appear as above, but sometimes they appear split into two parts. These verbs where the first part can be split from the main part are called separable verbs. When we want to use these verbs alone as the action word in the sentence, the first part splits away and appears at the end of the sentence. For example:

Hij **zegt** onze afspraak voor morgen **af.**
De trein **komt** om half elf **aan.**
We **spreken** om 3 uur **af.**
Ik **haal** je straks **af.**
Ik **verbind** u **door.**
Het **komt** me goed **uit.**

As you can see, the main part of the verb behaves according to the rules set out in Unit 1.

In Unit 7 we last saw that it is possible to use more than one verb in a sentence. This is also possible with separable verbs. When the separable verb is used with another verb, such as **zullen** or **willen**, then it behaves according to the rules set out in Unit 7 and goes to the end of the sentence. This means that the main part of the separable verb meets up with its first part at the end of the sentence. For example:

Ik zal om half zes aankomen.
Zullen we vast voor morgen afspreken?
Ik kom je afhalen.

As you can see the verb parts behave as normal and thus change their form depending on whom the sentence is about. There are many separable verbs. Here are just a few:

weggaan	*to go away*
meekomen	*to come along*
thuisblijven	*to stay at home*
ophangen	*to hang up*
meebrengen	*to bring along*
schoonmaken	*to clean*

Activiteit

6 Answer the following questions in the affirmative, but only use the separable verb. For example:

Zullen we nu weggaan?
Ja, we gaan nu weg.

NB: think about the correct forms of the verbs as well as the correct person words (**wij, jullie, ik,** etc.)

(a) Willen jullie morgen meekomen?
(b) Willen jullie graag thuisblijven?
(c) Ga jij het schilderij in de kamer ophangen?
(d) Zal jij de pizza meebrengen?
(e) Wil jij het huis schoonmaken?

7 Ask the same questions, but substitute **Peter en Dries** for **jullie** and substitute **Lena** for **jij**. Then answer the questions as well. For example:

(a) **Willen Peter en Dries morgen meekomen?**
Ja, zij komen morgen mee.

8 For this dialogue you will need patterns discussed in Unit 7.)

You are phoning your friend Harry and you suggest doing something the next day. You have to negotiate to come to a compromise. You need to use various structures and words which you have learnt so far. Write down your part first and then act it out either by reading both parts out loud or with the cassette if you have it.

Harry	Met Harry Donkers.
You	*(greet Harry, say who you are and suggest going to play football the next day)*

Harry   Ik heb daar eigenlijk geen zin in. Trouwens, ik moet morgen werken.
You   *(suggest going to the cinema on Saturday evening)*
Harry   Ja, daar heb ik wel zin in.
You   *(ask what time you should arrange to meet)*
Harry   Kun je om kwart over zeven bij mij zijn?
You   *(say that's okay and you'll see him on Saturday)*

trouwens	*besides*

9   You are phoning the doctor because you have to cancel the appointment you made for Tuesday.

Doktersassistente Met de praktijk van Dr de Boer.
You   *(Say who you are and that you have an appointment for tomorrow at 1.30 and that you regrettably have to cancel it – ask if you can arrange for a different time)*
Doktersassistente Even kijken. Komt donderdag u beter uit?
You   *(Say that Thursday doesn't suit you; ask if you can arrange for Wednesday)*
Doktersassistente Ja, woensdag kan. Om kwart voor drie?
You   *(Say yes and recap by saying that you would like to arrange it for Wednesday at 2.45.*

de praktijk	*practice*

10

Kom binnen
Come in

In this unit you will learn

- how to give and follow instructions
- how to understand recipes
- how to talk about the environment

Dialoog

Sietske gaat bij Wilma op bezoek *Sietske is visiting Wilma*

Wilma Hallo, kom binnen.
Doe je jas uit. Ga zitten.

Sietske was expected and Wilma is very straightforward in inviting Sietske to come in, take off her coat and to sit down. A friend of Wilma's son Robert comes around to give Robert something and Wilma says:

Wilma Hallo, kom maar even binnen.

Mirjam is sitting with her son in a waiting room. It is hot and she says:

Mirjam Doe je jas maar uit.

Wilma says to Sietske and Jan who are standing chatting outside her front door.

Wilma Kom toch binnen, het is koud buiten.

binnen	*inside*
buiten	*outside*
koud	*cold*

Wilma says to Sietske who is standing in the living room with her coat on:

Wilma Doe je jas toch uit.

When Sietske is still standing, she says:

Wilma Ga toch zitten.

If you have the cassette listen to these clips several times and note the different tones of voice with which these invitations are uttered. If you do not have the cassette, read them over several times and take the context into account. Then read these sentences out loud and imagine what tone of voice these different situations would demand.

When you feel you have come to grips with the different situations and meanings, read the sentences again and look now carefully at the actual words used and the way in which the sentences are constructed.

You have come across this pattern before in sentences such as **Geef mij maar een pilsje** and **Doe de gele (tulpen) maar**. This particular word pattern is used to give an order or a command. For example:

Doe de deur dicht.
Ga naar binnen.

In these orders the person who is addressed is not actually directly referred to in the sentence, i.e. the words **jij** or **u** are not used.

Look at the actual verbs in these commands. They all have the same form, namely the *stem* of the verb. (This is the verb with the **-en** or **-n** taken of the end.) Naturally this is adjusted for spelling:

- **zitten** becomes **zit**
- **komen** becomes **kom**
- **eten** becomes **eet** (vowel sound needs to remain long)
- **geven** becomes **geef** (vowel sound needs to remain long and v at the end of a word is not possible)
- **gaan** becomes **ga**

Even though the above patterns are commands or orders, the way in which words are said plus the situation in which they are said determine whether they are meant as an order, an instruction or an invitation. Also the addition of words like **maar** and **toch** can change the intention of the sentence.

Activiteit

1 Can you change the following questions into orders? For example:

Kun je de deur dicht doen? → Doe de deur dicht.

(a) Kun je straks de boodschappen doen?
(b) Kun je me vanavond bellen?
(c) Kun je deze les voor morgen leren?
(d) Wil je oom Jan vanavond schrijven?
(e) Kun je dit artikel lezen?
(f) Wil je niet zo hard schreeuwen?

Look at the following examples:

Zeg het maar.
Kom maar binnen.

Even though the form of the command is used in the two examples above, the addition of **maar** changes the command into an invitation or encouragement. **Kom maar met ons mee** sounds more gentle and encouraging than **Kom met ons mee**. Though this last expression could be an order, for example parents ordering their teenage child to come along on a trip, with the right tone it could also be an invitation to a friend to join the group.

Schiet toch op *Do hurry*

The addition of **toch** assumes that there was a delay. It could even sound a little irritated, though that is not always necessarily the case. Look at the following examples:

Zeur toch niet *Don't whinge*

Ga toch naar de dokter je bent al een week ziek *Do go to the doctor, you have been ill for a week*

 ——————————— **Activiteit** ———————————

2 Complete using **toch** or **maar** as appropriate:

(a) Ga ... naar huis. (colleague who is fed up with the secretary sneezing and spluttering over her desk)
(b) Ga ... naar huis. (boss kindly to secretary who is obviously ill)
(c) Zit ... stil. (mother to fidgety child)
(d) Hou ... je mond. (mother to her incessantly chatting child)
(e) Doe het raam ... open. (teacher gives child permission to open the window, because it is so warm)
(f) Doe het raam ... open. (teacher to same child who is delaying opening the window)
(g) Ga ... met Jantien uit vanavond. Ik pas wel op de kinderen (husband encourages his wife to go out while he will look after the children)

 | **oppassen** | *to look after* |

—————————— **Activiteit** ——————————

3 Your local council has issued guidelines for its inhabitants to take responsibility for creating a better environment. The campaign is called: **Een beter milieu begint bij jezelf** (*A better environment starts with yourself*).

Lees de volgende adviezen van de gemeente (Read the following advice from the council):

> Koop geen melk in pakken, maar in flessen.
> Scheid groenteafval van het gewone afval.
> Gebruik een vulpen in plaats van een wegwerppen.
> Breng uw flessen naar de glasbak.
> Breng uw oud papier naar de papierbak.
> Koop tweedehands meubels.
> Gooi chemisch afval niet in de vuilniszak.
> Lever uw chemisch afval in bij de Chemokar.
> Breng uw oude kleren naar de tweedehandswinkel.
> Koop niet meteen nieuwe spullen, maar repareer kapotte dingen.
> Gebruik geen plastic tassen, maar neem uw eigen boodschappentas mee.
> Doe het licht uit (als het niet nodig is).
> Hang deze lijst in de keuken op.

het afval	*rubbish*
organisch	*organic*
wegwerp	*disposable*
de glasbak	*bottlebank*
scheiden	*to separate*
tweedehands	*second hand*
meubels	*furniture*
(weg)gooien	*to throw away*
de vuilniszak	*rubbish bag*
inleveren	*to hand in*
chemisch	*chemical*
de Chemokar	*council vehicle that comes and collects chemical waste from special points*
meteen	*immediately*
spullen	*things*
het ding	*thing*
repareren	*to repair*
kapot	*broken*
gebruiken	*to use*
eigen	*own*
doe het licht uit	*switch the light off*
als het niet nodig is	*if it isnt needed*
de lijst	*list*

First you will have to spend some time reading the text thoroughly and making sure that you understand all the words. When you think you are familiar with the text, read it all through again and underline all the verbs in full that make up the instructions. Make sure you also include the split-up sections of the separable verbs (**inleveren, meenemen, uitdoen** and **ophangen** are separable verbs).

You have just read this council list and you are now writing a letter to your friend who did not receive the leaflet. You tell your friend what he has got to do to do his bit for the environment. Write down each of these sentences in full using the verb **moeten.** For example:

> **Je moet geen melk in pakken kopen, maar in flessen.**
> **Je moet groenteafval van het gewone afval scheiden.**

Look at the word **vuilniszak** from the previous exercise. This word really consists of two separate words which each represent a separate thing: **vuilnis** (*rubbish*) and **zak** (*bag*). Other examples are: **papier-bak, boodschappentas, wegwerppen.**

──────── **Activiteit** ────────

4   Read this recipe.

Uitsmijter

U moet boter in de koekepan doen.
U moet 3 plakjes ham in de koekepan bakken.
U moet 3 eieren in de pan doen.
U moet een augurk en een tomaat in plakjes snijden.
U moet 3 boterhammen smeren.
U moet de eieren, de plakjes tomaat en de augurk boven
op de boterham leggen.
Eet smakelijk.

---

de boter	*butter*
de koekepan	*frying pan*
plakje	*slice*
het ei (plural eieren)	*egg*
de augurk	*gherkin*
snijden	*to cut*
de boterham	*slice of bread, sandwich*
smeren	*to butter*
boven op	*on top*
leggen	*to put*
eet smakelijk	*enjoy your meal*

Now change these full sentences to clear instructions. For example:

Doe boter in de koekepan ...

 ──────── **Activiteit** ────────

 5   Listen to the broadcast with tips about energy saving and fill in
the relevant boxes of the drawing to indicate which recommenda-
tions were made. Use the pattern for instructions, e.g. **Zet de
verwarming lager** (*turn down the heating*). You will have to

refer to the vocabulary list, which you will find on page 104. You can also make use of the words you have used for Exercise 3. And remember, for an exercise like this you do not have to understand everything that is said, but you do need to learn to pick up the information which is relevant to you. Listen to the broadcast several times and you will see that gradually you will understand more of what is said.

The full text of the broadcast is printed in the Key.

makkelijk	*easy*
sparen	*to save*
energie	*energy*
de verwarming lager zetten	*to turn the heating down*
leeg	*empty*
het idee	*idea*
isoleren	*to insulate*
af en toe	*now and then*
het raam	*window*
gebruikt meer water	*uses more water*
op de knop drukken	*press the button/switch off an appliance*

11

Ik vind vis lekker
I like fish

In this unit you will learn

- how to express likes and dislikes (see page 49)
- how to compare things (see page 84)
- how to ask for things (see pages 18, 21)

You will be looking especially at food and clothes, and it will be helpful for you to look back at:

- vocabulary for food and drink
- asking how much something costs
- weights, currency, numbers
- comparing things
- asking for/ordering something
- adjectives and colours
- expressions for times of day

Eten

Here is some more vocabulary relating to food and drink:

dranken	*drinks*
de koffie	*coffee*
de warme/koude chocolademelk	
	hot/cold chocolate
het vlees	*meat*
het rundvlees	*beef*
het lamsvlees	*lamb*
het varkensvlees	*pork*
de kip	*chicken*
het gehakt	*mince*
de vis	*fish*
de scholvis	*plaice*
de schelvis	*haddock*
de kabeljauw	*cod*
de haring	*herring*
de mossel	*mussel*
de garnaal	*prawn*
de kreeft	*lobster*
het zuivel	*dairy products*
de (slag) room	*(whipped) cream*
het ei (pl. de eieren)	*egg*
de boter	*butter*
de halverine	*low fat margarine*
de jonge/belegen/extra belegen kaas	*mild/mature/ extra mature cheese*
de groente	*vegetables*
de sperzieboon	*green bean*
de sla	*lettuce, salad*
de ui	*onion*
de spinazie	*spinach*
de prei	*leek*
de andijvie	*endive*
de kool	*cabbage*
het fruit	*fruit*
de aardbei	*strawberry*
de framboos	*raspberry*
de ananas	*pineapple*
de abricoos	*apricot*
de meloen	*melon*

Smaken *Tastes*	Gewichten en maten *Weights and measures*
zoet *sweet* **zout** *salty* **zuur** *sour* **bitter** *bitter*	de gram de liter 100 gram = het ons 500 gram = het pond 1000 gram = de kilo

Note how you say one and a half in Dutch: **anderhalf** – this word is an adjective.

 The above is a more extensive vocabulary list for food and drink and weights and measures. Study the list carefully. You can test yourself by covering up the English and seeing if you remember the Dutch. When you feel fairly confident, go on to the activities below.

_ Boodschappen doen en bestellen _
Doing food shopping and ordering

 ———————— **Activiteit** ————————

Zegt u het maar!

1 Herhalingsoefening *Revision exercise*

You are given five situations below. Create the appropriate dialogue between the sales assistant (**de verkoper**) and the customer (**de klant**) for situations a)–c), and between the waiter (**de ober**) and customer for situations d) and e). For example:

 Mevrouw Spaans asks how much cod is. The assistant says it's ƒ 6,50. Mevrouw Spaans says she'll have 500 grams. The assistant asks if she wants anything else. She says no that's all.

Mevrouw Spaans Hoeveel kost de kabeljauw, alstublieft?
Verkoopster ƒ 6,50, mevrouw.
Mevrouw Spaans Ik neem dan een pond kabeljauw.

Verkoopster   Anders nog iets?
Mevrouw Spaans Nee, dat was het, dank u.

(a) Mevrouw de Jong asks how much beef costs. The assistant says it costs ƒ16,50. Mevrouw de Jong says that is expensive and asks if the lamb is cheaper. The assistant says lamb is cheaper; it costs ƒ9,50. Mevrouw de Jong says she will take 500 grams (**het pond**) of lamb.

(b) Meneer Spaans asks for a kilo of apples. The assistant asks him which ones he wants, the red ones or the green ones. Meneer Spaans says he wants the red ones. The assistant gives him the apples and asks him if he wants anything else. Meneer Spaans says no, that's all.

(c) Meneer and mevrouw Vrolijk are at the cheese counter. Meneer Vrolijk asks his wife which cheese they should have. She says she fancies extra mature cheese. He says it's a bit expensive. Mevrouw Vrolijk says okay, they'll have 300 grams of mature cheese.

(d) Jan and Piet are in a cafe. Jan asks the waiter if he has Belgian beer. The waiter says he has and Jan says he would like a glass of Belgian beer. Piet asks if he may have an orange juice.

(e) Mevrouw and meneer Pronk are in a restaurant. Mevrouw Pronk asks for chicken with potatoes and a salad. Meneer Pronk wants pork with chips and peas.

Try to use as many as possible of the words and expressions you have learnt in Part 1 for these situations.

 ———————————— **Activiteit** ————————————

Wat vind jij lekker?

2 Herhalingsoefening/*Revision Exercise*

Below you are given a list of likes/dislikes and preferences for four people. Express these in Dutch in sentences. For example:

	likes	dislikes	prefers
Dafne	cauliflower orange juice	herring tomatoes	lamb to pork

Dafne houdt van bloemkool en sinaasappelsap. Zij vindt haring en tomaten niet lekker. Zij vindt lamsvlees lekkerder dan varkensvlees.

	likes	dislikes	prefers
a) Wim	chicken gin	tea with milk haddock	oranges to bananas
b) Rebecca	plaice eggs	butter green beans	soft drinks to spirits
c) Arie	beef red wine	hot chocolate coffee with sugar	peas to cabbage
d) Truus	grape juice strawberries	cod beer	meat to fish

Dialoog

Wie is er aan de beurt? *Who's next?*

Freek and Ans are doing their weekly shopping:

Bij de Slager *At the Butcher's*

Verkoopster Wie is er aan de beurt?
Ans Ik. Verkoopt u rundergehakt?
Verkoopster Jazeker, mevrouw.
Ans Dan neem ik een pond rundergehakt, alstublieft.
Verkoopster Mag het een ietsje meer zijn, mevrouw?
Ans Ja, dat kan.
Verkoopster Anders nog iets?
Ans Nee, dank u, ik heb verder niets nodig.
Verkoopster Dat wordt ƒ12,50.
Ans Kunt u ƒ50 wisselen?
Verkoopster Heeft u het niet kleiner?
Ans Nee, het spijt me, ik heb geen kleingeld.

Bij de Kruidenier *At the grocer's*

Verkoper Wie mag ik helpen?
Freek Heeft u extra belegen kaas?
Verkoper Ja, meneer. Hoeveel hebt u nodig?

Freek	400 gram, alstublieft.
Verkoper	Een ietsje minder, meneer?
Freek	Nee, liever ietsje meer.
Verkoper	En dat was het?
Freek	Ja, dat was het.
Verkoper	ƒ3,50, alstublieft.

de verkoper/verkoopster	sales assistant (m/f)
wie is er aan de beurt?	whose turn is it?
de slager	butcher
verkoopt u rundergehakt?	do you sell minced beef?
mag het een ietsje meer zijn?	can it be a bit more/over?
liever een ietsje minder	I'd rather have a little less
ik heb verder niets nodig	I don't need anything else
kunt u ƒ50 wisselen?	can you change 50 guilders?
het kleingeld	change
de kruidenier	grocer
wie mag ik helpen?	can I help anyone?
dat wordt ƒ12,50	that comes to ƒ12,50

Study the dialogue carefully, giving special attention to the new expressions.

Word patterns

There were several comparisons in the dialogue. Can you pick them out? Remember, comparisons end in **-er**. They were **meer**, **verder**, **minder** and **liever**. You will almost certainly have recognised **verder**, because it follows the pattern you have already learnt. The others are more difficult because they are irregular.

Let's look at the irregular comparisons:

goed → **beter**	good → better
weinig → **minder**	little → less/fewer
veel → **meer**	much → more

These words can be used as both adjectives and adverbs. (Look up what these words mean in Part 1 pages 47–8 if you have forgotten them.)

Now look at the following:

Ik eet **graag** appels	I like eating apples
Ik eet **liever** aardbeien	I prefer to eat strawberries
Ik ga **graag** naar de bioscoop	I like going to the cinema
Ik ga **liever** naar een concert	I prefer going to concerts

Graag and **liever** can only be used as adverbs. You still form the comparison with the word **dan**:

Ik eet liever vis **dan** vlees   *I prefer to eat fish to meat*

 ──────────── **Activiteit** ────────────

Vergelijken *Comparing*

3   How would you say the following?

(a) You would rather take the green beans than the peas.
(b) You want a little more cheese.
(c) You need a little less sugar.
(d) You eat more fruit than meat.
(e) You think the beef is better than the pork.

 Dialoog

 Waar zullen we gaan eten? *Where shall we go to eat?*

Giel and Ruthie decide to go to a restaurant.
Study the dialogue carefully, giving special attention to new expressions.

Giel   Zullen we vanavond in een restaurant eten?
Ruthie   Ja, uitstekend idee. Heb je zin in Chinees?
Giel   Eigenlijk niet. Ik vind Chinees te zoet met al die sausjes. Ik eet graag lamsvlees dus ik ga liever naar een Grieks restaurant. En jij?
Ruthie   Beslist niet. Ik heb een hekel aan lamsvlees. Ik eet het liefst vis. Jij houdt toch ook van vis? Zullen we in een visrestaurant gaan eten?
Giel   Prachtig idee! Ik houd eigenlijk evenveel van vis als van lamsvlees. En ik ben dol op scholvis.
Ruthie   We kunnen naar dat restaurant aan de haven gaan want daar heb je een mooi uitzicht op zee en het is lekker koel.
Giel   Ja, maar het visrestaurant in het centrum heeft de beste vis.
Ruthie   Okay. Het visrestaurant in het centrum – afgesproken!

uitstekend	*excellent*
eigenlijk niet	*not really*
te zoet	*too sweet*
al	*all*
het sausje	*sauce*
dus	*so*
beslist niet	*certainly not*
ik heb een hekel aan	*I can't stand*
ik eet het liefst vis	*I like fish best*
prachtig	*splendid*
Ik houd evenveel van vis als van lamsvlees	*I like fish as much as lamb*
ik ben dol op	*I'm mad about*
de haven	*the harbour*
want	*because*
het uitzicht	*view, prospect*
koel	*cool*
in het centrum	*in the town centre*
de beste vis	*the best fish*
afgesproken	*agreed*

Word patterns

Did you notice the new way of comparing things in the dialogue? Adjectives and adverbs can be used to make comparisons of more than two things. For example:

Deze appel is **zoet**	*This apple is sweet*
Die appel is **zoeter**	*That apple is sweeter*
Deze appel is **het zoetst**	*This apple is the sweetest*

De **zoete** appel	*The sweet apple*
De **zoetere** appel	*The sweeter apple*
De **zoetste** appel	*The sweetest apple*

To say which of several things is top of the list – the superlative form of the adjective/adverb – you add **-st** to the adjective in Dutch.

What about the irregulars?

goed → **best**		*good* → *best*	
weinig → **minst**		*little* → *least*	
veel → **meest**		*much* → *most*	

And:

Ik eet **graag** appels	*I like to eat apples*
Ik eet **het liefst** frambozen	*I like to eat raspberries best*

Did you notice how to say you liked one thing as much as another?

> Ik houd **evenveel** van vis **als van** lamsvlees *I like fish as much
> as meat*
> De groentesoep is **even** lekker **als** de tomatensoep *The vegetable
> soup is as tasty as the tomato soup*

You can also say:

> Ik houd **net zoveel** van vlees **als** van vis *I like meat just as much
> as fish*
> Dit boek is **net zo** interessant **als** dat boek *This book is just as
> interesting as that book*

One last point from the dialogue. You have already learnt that you
can use two verbs together, one using the person form, the other in
the infinitive. Now you can see that you can also use three verbs in
combination: one in the person form and two in the infinitive:

> Waar **zullen** we **gaan eten**? *Where shall we go to eat?*

 ─────────── **Activiteit** ───────────

Voorkeuren *Preferences*

4 This activity is similar to Activiteit 2, but now you can make use
of more expressions and shades of meaning. Again, you have a list
of likes/dislikes and preferences for four people. You will find this
on the next page. Express their likes, dislikes and preferences in
Dutch, in sentences. For example:

	likes	likes most	dislikes	prefers	likes
Ton	fish wine	haddock French wine	chicken spinach	orange juice to sparkling blackcurrant	red wine as much as white wine

Ton vindt vis lekker en hij drinkt graag wijn. Hij eet het liefst
schelvis en hij is dol op Franse wijn. Hij houdt niet van kip en hij
heeft een hekel aan spinazie. Hij drinkt liever sinaasappelsap dan
cassis maar hij vindt rode wijn net zo lekker als witte wijn.

Remember that you can vary the use of the expressions; this is just an
example.

	likes	likes most	dislikes	prefers	likes
(a) Dirk	fruit tea	apricots tea with milk	beef apple juice	beer to wine	peas as much as beans
(b) Alice	soup cheese	tomato soup mature cheese	cod pineapple	low fat margarine to butter	beef as much as pork
(c) Hannie	vegetables soft drinks	leek coca cola	beef gin	French to Italian wine	strawberries as much as raspberries
(d) Else	meat fruit juice	beef grape juice	endive coffee	pork to lamb	spinach as much as cabbage

het vruchtensap *fruit juice*

———————— Activiteit ————————

De menukaart *The menu*

5 Gijs, Huib, Trees and Annie are in a restaurant. They are looking at the menu and deciding what to eat. Look at the menu below and then answer the questions that follow:

Restaurant Het Lekkere Hapje
(*The Tasty Snack Restaurant*)

Menukaart

Voorgerechten	Soep van de dag	*soup of the day*
(Hors d'oeuvres)	Erwtensoep	*pea soup*
	Gevulde avocado met garnalen	*stuffed avocado with prawns*
Hoofdgerechten	Biefstuk van de haas	*fillet steak*
(Main courses)	Varkenshaas	*tenderloin of pork*
	Kip met kerriesaus	*chicken in curry sauce*
	Vegetarische schotel	*vegetarian dish*

Alle hoofdgerechten met aardappelen sperziebonen en bloemkool of een slaatje naar keuze (*according to choice*)

Nagerechten *(Desserts)*	IJs – diverse soorten	*ice cream – various flavours*
Toetjes *(Sweets)*	Appeltaart	*apple pie*
Dranken *(Drinks)*	Jus d'orange	*orange juice*
	Spa rood	*mineral water*
	Wijn	*wine*
	Bier	*beer*
	Thee	*tea*
	Koffie	*coffee*

 Here are some extra phrases to help you with ordering food:

Wat neem jij?	*What are you going to have?*
Ik neem de kip als hoofdgerecht	*I'll have the chicken as main course*
Ik neem geen voorgerecht	*I'm not going to have an hors d'oeuvre*
anders eet ik de rest van de maaltijd niet meer	*otherwise I won't eat the rest of the meal*
Ik neem geen soep	*I'm not going to have any soup*
Ik eet geen vis	*I don't eat fish*
Mag ik een Spa rood vooraf?	*Can I have a mineral water to start?*

 How would you say:

(a) Gijs wants the pea soup as an hors d'oeuvre.

(b) You can't stand steak.

(c) Trees doesn't want an hors d'oeuvre, otherwise she won't be able to eat the rest of the meal.

(d) Ask Annie if she would rather have the steak or the pork.

(e) Say Huib fancies the steak and salad.

(f) Ask the waiter to give you the soup of the day and the pork.

(g) Say Gijs doesn't eat fish and he'll have the vegetarian dish.

(h) Say Truus loves ice cream but doesn't like apple pie.

(i) Ask if you can have a beer to start.

(j) Ask Huib if he likes chicken with curry sauce.

Kleren *Clothes*

 You can apply all the new expressions and word patterns you have learned in relation to clothes.

 Here are some more vocabulary and expressions to use with clothes:

De maten (sizes)

Vrouwen

Nederlandse maten	34	36	38	40	42	44	46
Engelse maten	8	10	12	14	16	18	20

Mannen

Herenconfectie maten (*men's fashion sizes*)

Nederlandse maten	34	36	38	40	42	44	46
Engelse maten	8	10	12	14	16	18	20

Boordmaat (*collar sizes*)

in centimetres	36	37	38	39	40	41	42	43	44	45
in inches	14	14½	15	15½	15¾	16	16½	17	17½	17¾

To say *light green* in Dutch you combine **licht** and **groen** to form one word: **lichtgroen**.

To say *dark red* you combine **donker** and **rood** to form one word: **donkerrood**. If you want to say a *light green dress* you say **een lichtgroene jurk**.

de damesmode	*ladies' fashions*
de herenmode	*men's fashions*
wilt u hem/het passen?	*do you want to try it on?*
mag ik hem/het passen?	*can I try it on?*
waar zijn de paskamers?	*where are the fitting rooms*
ik kijk even rond	*I'm just looking round*
welke maat hebt u?	*what is your size?*
ik heb/draag maat 38	*I am/wear size 38*
zit hij/het goed?	*does it fit?*
ja, hij/het zit prima	*yes it fits really well*
nee, hij/het zit slecht	*no it fits badly*
staat hij/het me goed?	*does it suit me?*
ja, hij/het staat u goed	*yes it suits you*

Study the vocabulary and expressions carefully before doing the activities which follow.

🔊 Word patterns

On page 35 it was explained that there were **de** words and **het** words in Dutch. This has consequences for the subject and object pronouns. (**NB** If you cannot remember what the terms subject/object pronouns mean, check in Part 1, pages 55–6.) In the case of the subject pronouns, look what happens:

> Het boek is interessant *The book is interesting*
> **Het** is interessant *It is interesting*

But:

> De stoel is comfortabel *The chair is comfortable*
> **Hij** is comfortabel *It is comfortable*

And in the case of object pronouns:

> Ik geef Truus het boek *I give Truus the book*
> Ik geef Truus **het** *I give it to Truus*

But:

> Ik geef Huib de appel *I give Huib the apple*
> Ik geef Huib **hem** *I give it to Huib*

🔊 Activiteit ———

Heeft u deze blouse in maat 42? *Have you got this blouse in size 16?*

6 Saskia is shopping for clothes. Complete the following dialogue:

🔊 **Verkoopster** Mevrouw, mag ik u helpen?
Saskia (*Says she is looking for a blue blouse*)
Verkoopster Welke maat hebt u, mevrouw?
Saskia (*Says she wears size 42*)
Verkoopster Wilt u liever een donker- of een lichtblauwe blouse, mevrouw?
Saskia (*Says she wants a light blue one*)

Verkoopster	Vindt u deze mooi?
Saskia	*(Says not really, she can't stand short sleeves)*
Verkoopster	Ik heb deze twee in lichtblauw, mevrouw.
Saskia	*(Says they are both pretty but she likes this one best of all)*
Verkoopster	Wilt u hem passen?
Saskia	*(Says yes please; she asks if it suits her)*
Verkoopster	Ja, mevrouw, erg mooi.
Saskia	*(Says unfortunately it's a bit too big)*

| **de mouw** | *sleeve* |

Winkelen *Shopping*

Notice that in Dutch shopping for food is **boodschappen doen** but shopping for anything else, including clothes, is **winkelen**.

Here is some vocabulary for things you may need to purchase:

de krant	*newspaper*
het tijdschrift	*magazine*
de (post) zegel	*(postage) stamp*
de briefkaart	*postcard*
het schrijfblok	*writing pad*
de pen	*pen*
de tandenborstel	*toothbrush*
de tandpasta	*toothpaste*
de zeep	*soap*
de deodorant	*deodorant*
de shampoo	*shampoo*
de kam	*comb*
het papieren (zak) doekje (plural doekjes)	*paper tissue*

—————————— **Activiteit** ——————————

In een warenhuis *In a department store*

7 How would you say the following?

(a) Ask for a toothbrush and toothpaste.
(b) Say your friend needs soap and shampoo.
(c) Ask the assistant if she sells English newspapers.
(d) Say you are looking for a writing pad.
(e) Ask where you can find paper tissues.

 Tekst

Het Postkantoor in Nederland (*The Post Office in the Netherlands*)

In het postkantoor in Nederland kun je niet alleen zegels kopen en pakjes versturen. Het postkantoor verkoopt ook strippenkaarten en je kunt daar ook geld opnemen. Erg veel Nederlanders maken gebruik van de Girobank in plaats van een gewone bank. Met een Girobankrekening krijg je een bankpasje en betaalcheques. De cheques kun je overal in Europa gebruiken. Je kunt je bankpasje met de PIN Code gebruiken: dan kun je geld van een automaat opnemen. In de winkels kun je ook met je bankpasje en de PIN Code betalen.

het pakje	*parcel*
versturen	*to send*
geld opnemen	*to take out money*
gebruik maken van	*to make use of*
de Girobank	*Giro Bank*

in plaats van	instead of
gewoon	ordinary
de (bank) rekening	(bank) account
krijgen	to get
het bankpasje	cheque card
de (betaal) cheque	cheque
overal	everywhere
gebruiken	to use
de PIN Code	Personal Identity Number
de (geld) automaat	cash machine
betalen	to pay

 ——————— **Activiteit** ———————

Comprehension

8 Answer the following questions in English:

(a) What two things can you buy in the post office?
(b) What two other things can you do in the post office?
(c) What two things do you get when you have a Giro account?
(d) In which two places can you use your cheque card?
(e) Where can you use your Giro cheques?

 Dialoog

Op het postkantoor

Linda goes to the post office to buy stamps and post a parcel.

Assistente Goedenochtend, mevrouw. Wat kan ik voor u doen?
Linda Mag ik twee zegels van tachtig cent en drie van een gulden?
Assistente Dat wordt vier gulden zestig, alstublieft. Anders nog iets?
Linda Ja, graag. Ik moet dit pakje naar Frankrijk versturen. Hoeveel kost dat?
Assistente Even kijken. Dat is twaalf gulden vijftig. En dat was het?
Linda Ja, dat was het. Dag, mevrouw.

twee zegels van tachtig cent	*two eighty cent stamps*

Activiteit

Mag ik een zegel van een gulden?

9   How would you say the following?

(a) You need three sixty-cent stamps.

(b) You have to send a parcel to the United States.

(c) Ask if you can have six seventy-five-cent stamps and a strippenkaart.

(d) Ask if you can get money here.

12

Heeft u iets tegen hoofdpijn?
— *Have you got something* —
for a headache?

In this unit you will learn

- how to describe people
- how to say how you feel

You will be looking at going to the doctor or chemist and ways of describing yourself and other people.

You will need to look at:

- adjectives
- comparatives and superlatives
- saying you are not well
- clothes
- separable verbs

———— Het lichaam (*The body*) ————

 Look carefully at the drawings on the page opposite and study the vocabulary:

Monica en Tina zijn jong en modieus

Now read the following text describing the two girls pictured in the drawing above.

Het meisje aan de linkerkant heet Monica. Zij is jong – zeventien jaar – en ziet er erg modieus uit. Zij heeft lang, glad, zwart haar en bruine ogen. Zij ziet er aardig uit. Zij heeft lange armen en benen maar kleine voeten. Zij draagt een gestreept lichtblauw T-shirt met korte mouwen, en een effen donkerblauwe broek en een riem. Zij heeft zwarte schoenen aan en zij heeft een ketting om haar hals.

Het meisje aan de rechterkant heet Tina. Zij is zestien jaar. Zij ziet er erg vrolijk uit. Ze heeft kort, blond haar met krullen en blauwe ogen. Zij glimlacht. Tina is ook lang en slank. Ze heeft lange armen en benen en grote voeten. Zij draagt een effen lichtgeel t-shirt zonder mouwen, en een gestreepte, donkerbruine broek en een riem. Zij draagt sportschoenen.

modieus	*fashionable*
eruitzien	*to look*
glad	*straight*
aardig	*nice, kind*
slank	*slim*
gestreept	*striped*
de riem	*belt*
effen	*plain*
de ketting	*beads, necklace*
om	*around*
de krul	*curl*
blond	*blonde*
glimlachen	*to smile*
de sportschoen	*trainer*
zonder	*without*

Study the text and vocabulary carefully.

Word patterns

Notice how you say someone looks young/fashionable/jolly, etc. in Dutch:

> **Monica ziet er jong uit**
> **Tina ziet er modieus uit**
> **Saskia ziet er vrolijk uit**

The verb **eruitzien** is a separable verb and so when it is used in the person form, the first part splits off, as you know. However, in the case of **eruitzien**, it is a little more complicated, because the first part of the verb also has two sections which split up – **er** and **uit** – and they get the adjective put between them. Of course, if there is no adjective, then the two parts stay together. For example:

> **Ziet** hij **er** moe **uit**? *Does he look tired?*

But:

> Hoe **ziet** zij **eruit**? *What does she look like?* or *How does she look?*

———————— Activiteit ————————

Hoe zien zij eruit?

1 Below you have descriptions of four people. Put them into sentences in Dutch. For example:

Meneer Ritzen: young; tall; plump; short black hair; brown eyes; blue suit; white shirt; kind.

Meneer Ritzen is jong. Hij is lang en stevig. Hij heeft kort, zwart haar en bruine ogen. Hij draagt een blauw pak en een wit overhemd. Hij ziet er aardig uit.

(a) Mevrouw Sennema: old; slim; long, light brown hair; blue eyes; green dress; black shoes; old-fashioned

(b) Meneer van Dam: old, tall; thin; straight grey hair; brown eyes; black suit; white shirt; tired; cross

(c) Ria: young; short; plump; long, curly, black hair; brown eyes; red jumper; black skirt; jolly; friendly

(d) Tom: young; strong; tall; long legs and arms; short dark hair; blue jeans; white t-shirt; energetic; friendly

mager	*thin*
humeurig	*cross*
stevig	*plump*
(on)vriendelijk	*(un)friendly*
sterk	*strong*
energiek	*energetic*

NB As in English it is considered impolite in Dutch to call someone fat (**dik**).

—————————— Activiteit ——————

Dit meisje is aardiger dan dat meisje
This girl is nicer than that girl

2 Now compare and contrast:

(a) Mevrouw Sennema and Ria
(b) Meneer van Dam and Tom

For example:

Johanna is ouder dan Lucy. Zij is slanker maar zij zijn even lang. Zij hebben allebei lang haar en blauwe ogen. Johanna draagt een jurk maar Lucy draagt een spijkerbroek. Lucy ziet er modieuzer uit dan Johanna.

NB Don't forget to check on comparisons and also how to say two things are the same (page 84).

Activiteit

Zullen we voor half drie afspreken?
Shall we meet at 2.30?

(a)   (b)   (c)   (d)

3 You have placed a **kontaktadvertentie** in a newspaper and have received many replies. You choose two of these to meet up for a drink. They describe themselves on the phone, so you can recognise them. Listen carefully to the descriptions on the cassette and then tick the box which fits the description you have heard.

--------------- **Activiteit** ---------------

Ik zie er... uit

4 Now write a short description of yourself, using the example above as a guide.

De Agenda *(The Appointments Diary)*

Look at the diary below for Mieke's day:

Tijd	Activiteit
7.00	Mieke staat op; zij wast zich en kleedt zich aan.
7.45	Mieke verlaat het huis en gaat naar haar werk. Zij haast zich want zij moet de bus van 7.55 halen.
8.30	Mieke komt op kantoor aan. Zij is secretaresse; zij moet de hele ochtend zitten tikken. Zij verveelt zich.
12.00	Mieke gaat met een paar vriendinnen lunchen. Zij amuseren zich.
1.00	Mieke komt op kantoor terug.
5.00	Mieke heeft een afspraak met een vriendin. Zij gaan naar de bioscoop. Zij interesseren zich voor Amerikaanse speelfilms.
11.00	Mieke gaat naar huis. Zij kleedt zich uit en gaat meteen naar bed want ze voelt zich erg moe.

opstaan	to get up
zich wassen	to wash
zich aankleden	to get dressed
verlaten	to leave

zich haasten	to hurry
halen	to catch
aankomen	to arrive
op kantoor	in the office
tikken	to type
zich vervelen	to be bored
een paar vriendinnen	a couple of/a few girlfriends
zich amuseren	to amuse oneself
terugkomen	to come back
de speelfilm	(feature) film
zich uitkleden	to get undressed
zich voelen	to feel

Study the text and vocabulary carefully.

Word pattern

Did you notice that many of the verbs in the text were used with the word **zich**?

These verbs are called reflexive verbs, because they need to have an object pronoun which refers back to the subject pronoun or subject noun in the sentence. We have these verbs in English too. Examples would be: I wash myself; Harold cuts himself. (**NB** If you cannot remember what is meant by the terms object and subject pronoun, check the explanations again in Part 1 of the book on pages 55–6)

Here are the Dutch reflexive pronouns:

ik interesseer **me**	wij interesseren **ons**
jij interesseert **je**	jullie interesseren **je**
u interesseert **u/zich**	
hij/zij interesseert **zich**	zij interesseren **zich**

For emphasis, you can add **-zelf** to the reflexive. For example:

Ik was **mezelf** *I wash myself*

But it is not always required as it is in English. The reflexive pronoun usually comes after the verb in the person form, for example:

Ik interesseer **me** erg veel voor muziek *I'm very interested in music*
Ik moet **me** vanavond wassen *I have to have a wash this evening*

But if a sentence begins with a word other than the subject then the reflexive pronoun comes directly after the subject pronoun:

Vanavond ga ik **me** wassen *I am going to have a wash this evening*

—————————— **Activiteit** ——————————

Hoe laat is het?

5 Look at Mieke's diary and answer the questions in full sentences in Dutch:

(a) Hoe laat staat Mieke op?
(b) Monica moet zich haasten. Geef de reden. (*Give the reason.*)
(c) Hoe lang moet Mieke zitten tikken?
(d) Wanneer gaat Mieke lunchen en wanneer komt zij op kantoor terug?
(e) Hoe laat ontmoet Mieke haar vriendin?
(f) Hoe laat gaat Mieke naar huis?

Here are a couple of extra expressions in relation to time:

 Ik moet van 11.00 uur tot 1.00 uur zitten werken.
Ik heb één uur pauze.

—————————— **Activiteit** ——————————

 ## Ik interesseer me voor kunst *I'm interested in art*

6 Look at the situations below and express them in Dutch. Use the correct person form of the verb in each situation. You may need to refer to the vocabulary box at the end of the exercise for extra vocabulary.

(a) Mevrouw Fellinger gets dressed at 7.30. She hurries because she must catch the bus at 8.15. She goes to the shops and enjoys herself all morning.

(b) I get up at 6.30 and wash myself. I go to the office and work all morning. I am bored. In the lunch break I play tennis. I have to change. I enjoy myself.

(c) You (singular informal) are interested in films. You have an appointment with a friend at 7.15. You have to hurry. You (plural informal) are going to see a French film. The film is interesting but you (singular informal) feel tired and don't really enjoy yourself.

(d) We are going swimming. At the swimming pool, we change and enjoy ourselves. We wash and dress. We feel tired.

zich verkleden	*to change clothes, get changed*
zich vermaken	*to enjoy oneself*

Ziek en gezond
sick and well

In this section you will learn how to talk about your health. There are several ways to say you don't feel well or are in pain. For most parts of the body you can use the following two patterns:

Ik heb pijn in mijn ...   lit. *I have pain in my...*

Ik heb pijn in mijn buik/maag   *I've got a pain in my stomach*
Ik heb pijn in mijn keel   *I've got a sore throat*
Ik heb pijn in mijn oog/rug/   *I've got earache / backache /*
hoofd   *headache*

Mijn... doet pijn/zeer   (lit. *my... does pain/ache)*

Mijn rug/buik doet pijn/zeer   *I've got backache/stomach ache*
Mijn voet/arm doet pijn/zeer   *I've got a pain in my foot/arm*
Mijn hoofd doet pijn/zeer   *I've got a headache*

In the plural you would say:

Mijn ogen doen pijn/zeer   *my eyes ache/are sore*
Mijn oren/benen doen   *my ears/legs ache*
pijn/zeer

In this pattern you can use either **pijn** or **zeer** indiscriminately. However, in the first pattern you can only use **pijn**.

There are two further ways of describing pain:

Ik heb -pijn   (lit. *I have -pain)*

Ik heb hoofdpijn   *I've got a headache*
Ik heb buikpijn   *I've got a stomach ache*
Ik heb oorpijn   *I've got earache*

Ik heb keelpijn	*I've got a sore throat*
Ik heb kiespijn	*I've got toothache*

This structure is regularly used but only with the parts of the body listed here; **ik heb voetpijn** for example, sounds odd.

Ik heb last van mijn ...	(lit. *I'm having trouble with my ...*)
Ik heb last van mijn buik	*my stomach is giving me trouble*
Ik heb last van duizeligheid	*I'm having dizzy spells*

This pattern is not used to indicate acute pain but to convey the fact that you are suffering either regularly or intermittently from any of these problems.

More expressions on health:

Ik ben gezond	*I'm well*
Ik ben ziek	*I'm ill*
Ik heb koorts	*I've got a fever/temperature*
Ik ben misselijk	*I feel sick*
Ik voel me niet zo lekker	*I'm not feeling very well*
Ik ben verkouden	*I've got a cold*
Ik heb (buik) griep	*I've got (gastric) 'flu*
Ik moet veel hoesten	*I'm coughing a lot*
Ik heb een oorontsteking	*I've got an ear infection*
Ik heb een keelontsteking	*I've got a throat infection*
Ik heb een longontsteking	*I've got a lung infection*

But:

Mijn oog is/ogen zijn ontstoken *I've got an eye infection*

 ——————— **Activiteit** ———————

Bij de huisarts *At the doctor's*

7 The following people have gone to see the doctor. She asks **Wat kan ik voor u doen?** They tell her what their problems are. Express this in Dutch. You may need to consult the vocabulary box below for extra words.

(a) Mevrouw van der Koot has a sore throat and a temperature. The doctor says mevrouw van der Koot has a cold.

(b) Meneer Kroes is having trouble with his back and his right leg. The doctor says he has rheumatism.

(c) Annette has a temperature and feels sick. The doctor says Annette has 'flu.

(d) Rob's eyes itch and he has a headache. The doctor says he has an eye infection.

(e) Mevrouw van Es says she is coughing badly and has a sore throat. The doctor says she has a lung infection.

het rechter/linkerbeen	*right/left leg*
de rheuma	*rheumatism*
jeuken	*to itch*

 ———————— **Activiteit** ————————

Het spreekuur *The surgery*

8 You are ill and telephone to make a doctor's appointment. Complete the following dialogue:

Doktersassistente	*(Dr. Crespijn's practice)*
You	*(ask if you can have an appointment today)*
Doktersassistente	*(says she is sorry but they are fully booked)*
You	*(say it is urgent; you have a high fever and are coughing badly)*
Doktersassistente	*(says she'll see – Can you come at 6.30?)*
You	*(say yes, thank you)*
Doktersassistente	*(says you must go to bed this afternoon)*

volgeboekt	*fully booked*
dringend	*urgent*

Dialoog

Bij de drogist *At the chemist's*

Mevrouw Kuiper goes to the chemist's.

Drogist	Goedemorgen, mevrouw. Wat kan ik voor u doen?
Mevrouw Kuiper	Goedemorgen. Heeft u iets tegen keelpijn?
Drogist	Jazeker, mevrouw. Is het voor uzelf?
Mevrouw Kuiper	Nee, het is voor mijn zoon.
Drogist	En hoe oud is hij?
Mevrouw Kuiper	Negen.
Drogist	Heeft hij andere symptomen?
Mevrouw Kuiper	Ja hij heeft hoofdpijn en hij moet veel hoesten.
Drogist	Nou ik heb deze zuigtabletten. Hij moet één tablet om de drie uur langzaam zuigen. Maar volgens mij kunt u hem beter naar de dokter brengen.
Mevrouw Kuiper	Dank u wel meneer. Ja, misschien moet ik een afspraak met de dokter maken.

het symptoom	*symptom*
het zuigtablet	*lozenge, pastille*
om de drie uur	*every three hours*
zuigen	*to suck*
langzaam	*slowly*

──────── **Activiteit** ────────

Heeft u iets tegen keelpijn?

9 How would you do the following?

(a) Ask if the chemist has anything for an earache.
(b) Say you need a pack of aspirin.
(c) Ask how often you need to take the tablets.
(d) Say you need some ointment for a rash.
(e) Ask if the chemist has anything for hayfever.

de aspirine	*aspirin*
het tablet	*tablet*
de zalf	*ointment*
de uitslag	*rash*
de hooikoorts	*hayfever*

De apotheek en de drogist *The pharmacist and the chemist*

In Nederland bestaat er een verschil tussen de apotheek en de drogist. De dokter geeft een recept voor een geneesmiddel tegen een ziekte of een infectie en je moet dat recept naar de apotheek brengen. De apotheek reikt dan het geneesmiddel tegen betaling uit. Hij verkoopt ook andere middelen zoals contraceptieven. De drogist reikt geen recepten uit maar je moet bij de drogist zijn voor middelen zoals aspirine, zalven en hoestdrankjes. Daar kun je ook allerlei homeopathische pilletjes kopen.

bestaan	*to exist*
het verschil	*difference*
de apotheek	*pharmacist*
de drogist	*chemist*
het recept	*prescription*
het geneesmiddel	*medicine*
de ziekte	*illness*
de infectie	*infection*
uitreiken	*to dispense*

tegen betaling	*on payment* (lit. *against payment*)
bepaald	*certain*
zoals	*such as*
het hoestdrankje	*cough mixture*
vrij	*quite*
homeopathisch	*homeopathic*
het pilletje	*pill*
allerlei	*all sorts of*

Activiteit

Comprehension

10 Answer the following questions in English:

(a) Where do you get prescriptions in the Netherlands?
(b) Where must you take a prescription in the Netherlands?
(c) What else do they sell?
(d) What sort of things can you buy at the chemist?
(e) What else can you buy there?

13

Mag ik iets vragen?
Could I ask something?

In this unit you will learn

- how to ask for help and information
- words relating to public transport
- words relating to using a private car

You will need to look at:

- asking the way
- saying you are looking for something
- telling the time
- asking about travel

 —————————— **Activiteit** ——————————

De weg vragen *Asking the way*

1 Herhalingsoefening *Revision exercise*

Look at the lists of places, indicating where they are:

linkerkant	rechterkant
het warenhuis	het ziekenhuis
het postkantoor	de bioscoop
het zwembad	de slager

How would you do the following:

(a) Ask where the hospital is.
(b) Ask where the post office is.
(c) Say you are looking for the butcher.
(d) Say the department store is on the left.
(e) Say the cinema is on the right.

Dialoog

Bent u hier bekend? *Do you know the area?*

Mevrouw Kok, mevrouw de Jager and meneer Jansma are on the street. Mevrouw Kok asks meneer Jansma for directions.

Mevrouw Kok	Pardon, meneer, bent u hier bekend?
Meneer Jansma	Sorry, mevrouw, ik woon hier niet.
Mevrouw de Jager	Kan ik u helpen? Ik ben hier redelijk goed bekend.
Mevrouw Kok	Is het postkantoor ver weg?
Mevrouw de Jager	Nou, het is een eind lopen. U moet hier rechtdoor lopen tot het stoplicht. Bij het stoplicht steekt u over. U moet linksaf en het postkantoor is op de hoek van de derde straat rechts.
Mevrouw Kok	Dus, ik ga rechtdoor tot het kruispunt. Daar moet ik oversteken. Ik sla linksaf en het postkantoor is aan de rechterkant.
Mevrouw de Jager	Ja, dat klopt.
Mevrouw Kok	Dank u wel, mevrouw.
Mevrouw de Jager	Niets te danken, mevrouw.

pardon	*excuse me*
bent u hier bekend?	*do you know the area?*
ik ben hier goed/niet bekend	*I know the area well/I don't know the area*
is het postkantoor ver weg?	*is the post office far away?*
het is een eind lopen/weg	*it's a long walk/way away*
u moet hier rechtdoor (lopen)	*you have to go straight on here*
bij het stoplicht steekt u over	*you cross at the traffic lights*
u moet linksaf	*you must go left*
op de hoek	*on the corner*
de derde straat links	*the third street on the left*
ik ga rechtdoor	*I go straight ahead*
het kruispunt	*crossroads*
ik sla linksaf	*I turn left*
ja, dat klopt	*yes, that's right*
dank u wel	*thank you very much*
niets te danken	*not at all*

Word patterns

Ordinal numbers 1–20

1st	**eerste**		**11th**	**elfde**
2nd	**tweede**		**12th**	**twaalfde**
3rd	**derde**		**13th**	**dertiende**
4th	**vierde**		**14th**	**veertiende**
5th	**vijfde**		**15th**	**vijftiende**
6th	**zesde**		**16th**	**zestiende**
7th	**zevende**		**17th**	**zeventiende**
8th	**achtste**		**18th**	**achttiende**
9th	**negende**		**19th**	**negentiende**
10th	**tiende**		**20th**	**twintigste**

Ordinal numbers are the form of numbers used to describe things:

Het is de eerste straat links *It is the first street on the left*
Zij woont op de vierde etage *She lives on the fourth floor*

As you can see, Dutch forms these by adding **-de** or **-ste**, whereas English forms them with **-st**, **-nd** and **-th**.

Study the dialogue and vocabulary very carefully and then complete the following activities.

——————— **Activiteit** ———————

Pardon, meneer!

2   How would you do the following:

(a)   Ask if someone knows the area.
(b)   Say the cinema isn't far away.
(c)   Say you don't know the area.
(d)   Say the park is a long way away.
(e)   Ask if you have to turn right at the traffic lights.
(f)   Say you have to go straight ahead to the crossroads.

Here are some more expressions to help you in asking/giving directions:

de school is aan mijn rechter/ linkerhand	*the school is on my right/left hand side*
weet u de weg naar het station?	*do you know the way to the station?*
hoe kom ik naar de Breestraat?	*how do I get to Breestraat?*
ik ga/sla/loop de derde straat linksaf/rechtsaf	*I turn left/right at the third street*
u moet de vierde straat linksaf/ rechtsaf	*you have to take the fourth street on the left/right*

 ——————— **Activiteit** ———————

Bent u hier bekend?

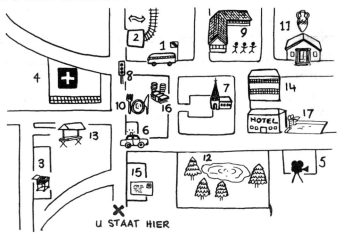

U STAAT HIER

— **139** —

1 de bushalte	*the bus stop*	10 het restaurant	*the restaurant*
2 het station	*the station*	11 het museum	*the museum*
3 de supermarkt	*the supermarket*	12 het park	*the park*
4 het ziekenhuis	*the hospital*	13 de markt	*the market (place)*
5 de bioscoop	*the cinema*	14 het gemeentehuis	*the municipal*
6 het politiebureau	*the police station*		*offices*
7 de kerk	*the church*	15 het postkantoor	*the post office*
8 het stoplicht	*the traffic lights*	16 de bank	*the bank*
9 de school	*the school*	17 het hotel	*the hotel*

3   Look at the map on p. 139 and identify the places marked on it from the key.

Now using the map imagine you are walking in the street and someone asks you the way. Give appropriate directions in response to the questions. You may want to do this exercise in conjunction with the cassette.

(a)   Pardon, mevrouw, ik zoek de bushalte.
(b)   Pardon, meneer, waar is de school?
(c)   Ben jij hier bekend? Weet jij de weg naar het politiebureau?
(d)   Pardon, mevrouw, hoe kom ik naar de bioscoop?
(e)   Pardon, mevrouw, ik zoek het ziekenhuis.
(f)   Zeg, Saskia, weet jij de weg naar de kerk?
(g)   Pardon, meneer, waar is het station?
(h)   Pardon, mevrouw, ik zoek de supermarkt.

Dialoog

Zou ik je spoorboekje even kunnen lenen?

Iemke   Stoor ik?
Josine   Nee, hoor. Kom binnen!
Iemke   Mag ik je iets vragen? Ik moet morgenochtend naar Utrecht. Hoe laat vertrekt de trein, weet jij dat misschien?
Josine   Nou hoe laat moet je in Utrecht zijn? Er is een trein om half negen. Is die goed?
Iemke   Dat weet ik niet. Ik moet mijn vriend om tien uur in het centrum ontmoeten.
Josine   Dan is de trein van half negen te laat.
Iemke   Zou ik je spoorboekje even kunnen lenen? Dan kan ik de volgende trein opzoeken.
Josine   Natuurlijk!
Iemke   Ik breng het zo terug. Hartelijk bedankt.
Josine   Graag gedaan, hoor!

storen	*to disturb*
vragen	*to ask*
weten	*to know*
de trein van half negen	*the half past eight train*
zou ik je spoorboekje even kunnen lenen?	*could I just borrow your train timetable?*
ik breng het zo terug	*I'll bring it straight back*
hartelijk bedankt	*thanks a lot*
graag gedaan	*it's a pleasure*

 ## Word patterns

Notice that the situations in the two dialogues require you to ask people questions in a polite way. You need to be able to do this whether you are using the **u** form or the **jij** form. There are various ways of doing this in Dutch, as in English. Let's consider the ones that have been used here.

Pardon	*Excuse me*

First, you can simply introduce all questions with this word. It changes the atmosphere. You could also use:

Neem me/neemt u me niet kwalijk	*I beg your pardon*

This is equally formal. Even on the street, you address children and teenagers with **jij**, if you are an adult.

Bent u hier bekend?	*Do you know the area?*
Stoor ik?	*Am I disturbing you?*

These are bald questions, but they are introductory: they ask about the person being questioned, not directly for information and so they show consideration. **Ben jij hier bekend?** is a good way to start up a conversation on the street with a young person.

Mag ik u/je iets vragen?	*May I ask you something?*

An alternative introduction is to ask if you may ask!

Kan ik u helpen?	*Can I help you?*
Wat kan ik voor u doen?	*What can I do for you?*

The person addressed will almost certainly then invite you to continue. You can then continue with your questions for information using the question forms you have already learnt on page 18.

However, you may want to ask for more than information. Iemke also asks Josine to lend her her railway timetable. This is a step further in imposing on someone's time and generosity. In this circumstance you may wish to take the politeness a step further:

Zou ik je spoorboekje even kunnen lenen? *Could I just borrow your timetable?*

First notice the use of **even** *for a minute* here. You can use the word in all kinds of situations to soften your question:

Mag ik even passeren? *Could I just get past? (e.g. in a bus or tube)*

Mag ik even storen? *May I disturb you for a minute?*

Now look at the verb form. This is another example of three verbs being used together. In fact the **zou** is the past tense of **zullen**. This is the only past tense we are going to use in this book. It has two forms: **zou** for the singular and **zouden** for the plural. We are using it here not to express past time but to express politeness. Look at the following examples:

Zou ik je pen kunnen lenen? *Could I borrow your pen?*
Zou je een kopje koffie voor me willen meenemen? *Would you get me a cup of coffee?*
Zou u de telefoon willen opnemen? *Would you answer the phone?*

NB Because **zou/zouden** already express politeness, you don't use **alstublieft** with them. The Dutch don't go quite so far in expressing politeness as the British!

 ——————— **Activiteit** ———————

Pardon, mag ik even? *Excuse me, could I just...*

4 Look at the situations below and formulate appropriately polite questions in Dutch:

Use **zou** for the following questions:

(a) You know your boss is busy but you have to disturb her. What do you say?

(b) Your friend is popping out to buy a snack at lunchtime. You ask if he'd mind bringing you a breadroll.

(c) You are in the station buffet, looking at your timetable. You want to ask the woman at the next table for help. What do you say?

(d) You are at the bank and need to write a cheque but do not have a pen. What do you say to the clerk?

Formulate the following questions without the use of **zou**:

(e) You have forgotten your watch. Ask a man you see on the street for the time.

(f) You want to ask a woman on the street for directions.

(g) You are sitting next to a man on the bus and you want to get past. What do you say?

Het Openbaar Vervoer in Nederland
Public Transport in the Netherlands

Nederland heeft een uitgebreid, efficiënt systeem van Openbaar Vervoer (OV). Iedere stad heeft een busdienst. Er zijn ook streekbussen. Deze bussen verbinden de steden met de dorpen in de omgeving. In de grote steden van de Randstad – Amsterdam, Rotterdam, Den Haag en Utrecht vind je ook trams.

Er is één soort bus– en tramkaart voor heel Nederland – de strippenkaart. Je koopt de strippenkaart in de voorverkoop, bij voorbeeld in een sigarenwinkel of groot warenhuis, niet in de tram of de bus en je kunt hem dan overal in Nederland gebruiken. De strippenkaart is een lang, dun kaartje met – jawel! – strippen. Iedere strip staat voor één zone. In de bus stempelt de buschauffeur je strippenkaart af. Hij stempelt altijd eerst één strip af, plus één strip voor iedere zone. In de tram kan de chauffeur je kaartje stempelen, maar dat kun je zelf ook doen bij de stempelautomaat. In Amsterdam en Rotterdam is er zelfs een kleine metro.

Een uitgebreid netwerk van spoorwegen verbindt de steden van heel Nederland. Er zijn verschillende soorten treinen, bij voorbeeld stoptreinen en sneltreinen. Stoptreinen stoppen bij elk station maar sneltreinen stoppen slechts bij de belangrijkere stations. De treinkaartjes zijn geldig voor heel Nederland.

Study the text and vocabulary carefully.

uitgebreid	*extensive*
efficiënt	*efficient*
het systeem	*system*
openbaar	*public*
het vervoer	*transport*
ieder	*every*
de stad (pl. steden)	*town*
de bus	*bus*
de dienst	*service*
er is/er zijn	*there is/there are*
de streekbus	*cross-country bus*
verbinden	*to link, connect*
het dorp	*village*
de omgeving	*surrounding area*
de Randstad	*densely populated area in west of Netherlands*
de trein	*train*
het soort	*type*
heel Nederland	*the whole of the Netherlands*
de voorverkoop	*advance purchase*
de sigarenwinkel	*tobacconist*
gebruiken	*to use*
jawel	*yes, indeed*
de strip	*strip*
staan voor	*to stand for*
de zone	*zone*
de buschauffeur	*bus driver*
afstempelen	*to stamp, cancel, validate*
de stempelautomaat	*ticket cancelling machine*
zelfs	*even*
de metro	*underground*
het netwerk	*network*
verschillend	*various*

bij voorbeeld	*for example*
de stoptrain	*slow train*
de sneltrein	*fast train*
elk	*each*
slechts	*only*
belangrijk	*important*
geldig	*valid*

 ———————— **Activiteit** ————————

Comprehension

5 Answer the following questions in English using the text on page 141:

(a) Has the Netherlands got good public transport?
(b) What four types of public transport are mentioned in the text?
(c) Describe the two types of bus mentioned in the text.
(d) What two types of transport are found only in the Randstad?
(e) What is the ticket called that is used in buses and trams?
(f) Where do you get this ticket?
(g) What do you do with the ticket in the bus?
(h) What can you do with it in the tram?
(i) Describe the two types of train mentioned in the text.
(j) Where are train tickets valid?

 Dialoog

Een reis naar Amersfoort

Bas van den Brink moet naar Amersfoort. Hij gaat naar het station en koopt zijn kaartje aan het loket. Hij stelt ook een paar vragen.

Aan het loket op het station:

Bas van den Brink	Goedemorgen. Ik moet naar Amersfoort. Is er een directe verbinding?
Lokettiste	Helaas niet, meneer. U moet in Utrecht overstappen.
Bas van den Brink	Hoe laat vertrekt de trein naar Utrecht?
Lokettiste	Even kijken, hoor. Om half acht van spoor 7B. Wilt u een enkeltje of een retourtje?

Bas van den Brink	Een retourtje en een strippenkaart, alstublieft.
Lokettiste	Een grote of een kleine strippenkaart?
Bas van den Brink	Een grote alstublieft.
Lokettiste	Dat wordt ƒ75,60 bij elkaar.
Bas van den Brink	Bedankt.

Bas moet in Amersfoort de bus nemen. Hij moet met lijn 7 naar de Breestraat. Hij wacht op lijn 7 bij de bushalte. Na vijf minuten komt de bus langs. Hij stapt in.

In de bus

Bas van den Brink	Alstublieft. Ik ga naar de Breestraat. Hoeveel strippen moet ik afstempelen?
Buschauffeur	Dat is twee zones, dus u moet drie strippen afstempelen.

een paar vragen	*a few questions*
de verbinding	*connection*
overstappen	*to change*
het spoor	*track*
het enkeltje	*single*
het retourtje	*return*
bedankt	*thanks*
lijn 7	*bus 7*
wachten op	*to wait for*
langs	*along*
na	*after*
instappen	*to get in/on*

Study the dialogue and vocabulary carefully.

NB In Dutch you say the train leaves from track 7B, as you do in American English. The Dutch word for platform is **het perron**. You would need it to say something like:

Is er een snackbar op het perron	*Is there a snackbar on the platform?*

Note also the additional ways of saying you want a ticket:

Mag ik een enkele (reis) naar Amsterdam?	*May I have a single (ticket) to Amsterdam?*
Mag ik een retour naar	*May I have a return to*

Groningen?
Een dagretour Den Haag
alstublieft

Groningen?
A day return to The Hague,
please

Activiteit

Hoe laat vertrekt de trein?

6 Complete the following dialogue:

Lokettiste Goedemorgen. Wat kan ik voor u doen?
You *(say you are going to Zwolle and ask if you have to change)*
Lokettiste Even kijken, hoor. Ja, u moet in Utrecht overstappen.
You *(ask what time the train leaves)*
Lokettiste Er gaat een trein over vijftien minuten van spoor 6A.
You *(ask for a day return to Zwolle and a **strippenkaart**)*
Lokettiste Een grote of een kleine?
You *(say you want a small one)*
Lokettiste Dat wordt ƒ55 bij elkaar.
You *(ask if there is a snackbar on the platform)*
Lokettiste Nee, maar er is hier in de stationshal een restauratie.
You *(ask where it is)*
Lokettiste Hier aan de rechterkant.
You *(say thank you)*

de restauratie	*station restaurant*

Dialoog

Pech op de autosnelweg *Breakdown on the motorway*

Reinier's car breaks down on the motorway. He manages to get to a roadside restaurant.

In het wegrestaurant

Ober Goedemiddag, meneer
Reinier Goedemiddag. Zou ik hier ergens kunnen bellen? Ik heb pech met mijn auto.

Ober   Zeker, meneer. De telefoon is in het souterrain. Wat is het probleem?

Reinier   Een lekke band. Ik moet een garage bellen.

Ober   Nou, meneer, volgens mij kunt u beter de Wegenwacht bellen. Er is geen garage hier in de buurt. De Wegenwacht is er meestal zo.

Reinier   U hebt gelijk. Dan wacht ik hier rustig en drink een kopje koffie.

Ober   Gelijk hebt u meneer.

de pech	*breakdown*
de (auto)snelweg	*motorway*
het wegrestaurant	*roadside restaurant*
ergens	*somewhere*
ik heb pech met mijn auto	*my car has broken down*
het souterrain	*basement*
de band	*tyre*
lek	*leaking, punctured*
volgens mij	*in my opinion*
kunt u beter bellen	*you'd be better off phoning*
de Wegenwacht	*Dutch equivalent of the AA*
de buurt	*neighbourhood*
u hebt gelijk	*you are right*
rustig	*quiet(ly)*
gelijk hebt u/heb je	*you are right* (informal expression to show you agree with someone)

Study the dialogue and the vocabulary carefully. Here are some more expressions to describe problems with your car:

de motor is oververhit	*the engine is overheating*
de voorruit is gebroken	*the windscreen is smashed*
de versnellingsbak is kapot	*the gearbox is broken*
het portier klemt	*the door is sticking*
de ruitewissers zitten vast	*the windscreen wipers are jammed*
de olie lekt	*the oil is leaking*

Activiteit

Zou u mij kunnen helpen?

7 How would you say the following?

(a) Your car has broken down on the motorway.
(b) The engine is overheating and the car has no water.
(c) Your windscreen is broken.
(d) Say you need a motor mechanic.
(e) The gearbox is broken.

de monteur	*motor mechanic*

Hoe kom ik naar Zwolle? *How do I get to Zwolle?*

Flip den Uyl has to go to Zwolle on business from Amsterdam. He will be arriving quite late and telephones the hotel where he is going to stay to find out directions.

Listen to the dialogue on the tape. You will find the text for the dialogue in the Key to the Exercises on pages 176–7.

de afrit	*exit, junction*
de richting	*direction*
eventjes	*just a second*
opschrijven	*to write down*
allemaal	*all*
de rotonde	*roundabout*
de afslag	*turning*
ingewikkeld	*complicated*
wees gerust	*don't worry* (lit. *be calm*)
de wegwijzer	*signpost*
aangeven	*to indicate*

Activiteit

Luisteroefening *Listening exercise*

8   Listen carefully to the dialogue on the tape. Then see if you can put the directions in the correct order.

1   Neem de derde afslag bij de rotonde.
2   Neem Afrit 16.
3   Linksaf.
4   Rechtdoor op de A28 naar Zwolle.
5   Afrit Zwolle-Centrum.
6   Neem de snelweg naar Amersfoort.
7   Rechtdoor tot het stoplicht.

14

Lekker, weertje, hé?
Nice weather, isn't it?

In this unit you will learn

- how to say what you do
- how to talk about times of day, weeks, seasons
- how to talk about the weather
- how to talk about intentions

You will be describing your day, describing activities at different seasons, planning a trip and talking about hobbies. You will need to look at:

- talking about time and days of the week
- talking about the future
- talking about hobbies

——————— Activiteit ———————

Wat ga je morgen doen?

1 Herhalingsoefening/*Revision Exercise*

How would you do the following?

(a) Ask someone if they're going swimming tomorrow.
(b) Say you are going to a museum this afternoon.

(c) Ask Saskia if she is going to France next week.
(d) Ask Frans if he is going to watch the football today.
(e) Say you are going to look for a new job this year.
(f) Ask Pia if she is going to phone the school next week.
(g) Say you are going to the cinema the day after tomorrow.
(h) Say you are going to Germany next month.

De jaargetijden en het weer
The seasons and times of year

de lente/het voorjaar *spring*	**de herfst/het najaar** *autumn*
de zomer *summer*	**de winter** *winter*

De maanden van het jaar — *The months of the year*

januari	**juli**
februari	**augustus**
maart	**september**
april	**oktober**
mei	**november**
juni	**december**

 Word patterns

Look carefully at the following expressions for time:

's winters	*in the winter*
's zomers	*in the summer*
's morgens/'s ochtends	*in the morning*
's middags	*in the afternoon*
's avonds	*in the evening*
's nachts	*in the night/at night*

BUT:

in het voorjaar / in de lente	*in the spring*
in het najaar / in de herfst	*in the autumn*
in het weekend	*at the weekend*

If you want to say *on Monday* you simply say **maandag** or **op maandag**:

Ik doe dat (op) maandag   *I'll do that on Monday*

Monday to Friday inclusive in Dutch is **maandag tot en met vrijdag**. This can also be written **maandag t/m vrijdag**.

To say how often something occurs:

drie keer in de week/	*three times a week/month*
de maand/het jaar	*year*
drie keer per week/	*three times a week/*
maand/jaar	*month/year*

─── Het weer   *The weather* ───

het is nat	*it is wet*
het is droog	*it is dry*
het is koud	*it is cold*
het is warm	*it is warm*
het is heet	*it is hot*
het is zacht	*it is mild*
het is lekker (weer)	*it is nice (weather)*
hoeveel graden is het vandaag?	*what is the temperature today?*
het is 15 graden	*it is 15 degrees*
het regent	*it is raining*
er valt regen	*it rains*
er komt regen	*it is going to rain* (lit. *there comes rain*)
het sneeuwt	*it is snowing*
het vriest	*it is freezing*
het waait (hard)	*it is (very) windy*
de zon schijnt	*the sun is out*
het onweert	*there is a thunderstorm*

—— # Het kompas   *The compass* ——

Study the vocabulary and expressions carefully and then complete the activities below.

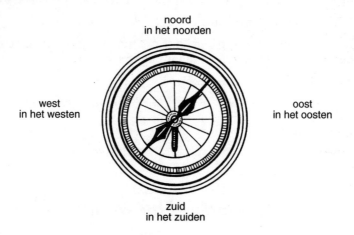

noord
in het noorden

west
in het westen

oost
in het oosten

zuid
in het zuiden

 —————— # Activiteit ——————

De weersverwachting *the weather forecast*

2   Study the weather forecast and vocabulary in this text and answer the questions. Do not be concerned if you cannot follow every word.

Bewolkt

Weersverwachting voor vrijdag, opgemaakt door onze weerkundige medewerker om 10 uur: Aanvankelijk zonnig. In de middag vanuit het westen toenemende bewolking, gevolgd door lichte regen. Een matige tot vrij krachtige zuidenwind. Maximumtemperatuur rond de 4 à 5 graden.

Vooruitzichten voor zaterdag tot en met dinsdag: Bewolkt en vooral vanaf zondag af en toe regen.

opgemaakt door onze weerkundige	
medewerker	*prepared by our meteorologist*
aanvankelijk	*starting, initially*
zonnig	*sunny*
toenemend	*increasing*
de bewolking	*cloud*
gevolgd	*followed*
door	*by*
matig	*moderate*
krachtig	*strong*
het vooruitzicht	*forecast*
bewolkt	*cloudy*
vanaf	*from*
af en toe	*from time to time*

(a) What is the weather going to be like at first?
(b) From what direction is a change in the weather going to come?
(c) How is the weather going to change?
(d) Is it going to be windy?
(e) Is it going to be cold?
(f) What is the weather going to be like in the next few days?

 ———————— **Activiteit** ————————

Wat voor weer is het? *What is the weather like?*

3 Answer the following questions in Dutch. For example:

Wat voor weer is het in Zuid-Frankrijk?
's Zomers is het erg warm en zonnig. Er is een kleine kans op een onweersbui.

(a) Wat voor weer is het 's winters in Engeland?
(b) Wat voor weer is het in Groenland?
(c) Wat voor weer is het in de lente in Engeland?
(d) Wat voor weer is het in de woestijn?

de woestijn	*desert*

Word patterns

You may have noticed that the title of this unit contained the word **weertje** but when the word was used again it was given as **weer**. There have been other examples in the book, too, for example **de sla** and **het slaatje**. When **-je** is added to a noun in Dutch, it changes it to give the idea of something smaller. These forms are called *diminutives*. We have some examples in English, e.g. *pig* and *piglet*, *star* and *starlet*, but they are far less common than in Dutch.

All diminutives are **het** words:

het huis →	**het huisje**	*the house – the little house*
de poes →	**het poesje**	*the cat – the little cat*

Adding **-je** to the end of a word can create problems of pronunciation and so a variety of endings has developed:

tje	etje	pje	kje
tafeltje	mannetje	boompje	puddinkje
stoeltje	ringetje	museumpje	woninkje
retourtje	kammetje	geheimpje	
enkeltje	bruggetje		
eltje	kippetje		

All diminutives form their plural with **-s**:

het huisje – de huisjes
het poesje – de poesjes

The use of the diminutive conveys a variety of meanings as well as just the idea that something is smaller. It can show affection:

de poes – het poesje	*the cat – the pussy*
het kind – het kindje	*the child – the little one*

It can stress a positive feeling:

het weer – het weertje	*nice weather*
de muziek – het muziekje	*nice tune, nice music*

Sometimes, however, it can be the opposite and give a negative impression:

wat een raar mannetje!	*what a queer fellow!*

Ger vertelt over zichzelf *Ger talks about himself*

Ik woon in Maassluis maar ik werk in Den Haag – dat is een eind weg. Iedere dag moet ik 's ochtends vroeg opstaan. Ik loop naar het station en neem de trein naar Den Haag; ik moet in Rotterdam overstappen. 's Winters is het vaak koud en het waait bijna altijd, soms regent het ook. Dan vind ik mijn reis vervelend en word ik depressief. Maar 's zomers is het meestal zonnig en warm en ik voel me vrolijk en opgewekt.

Ik werk op een reisbureau. Ik vind het prettig: je ziet veel mensen en je kunt hen aan een leuke vakantie helpen. Iedere dag om twaalf uur heb ik lunchpauze. Drie dagen in de week – maandag, woensdag en donderdag – ga ik met een vriend naar het zwembad: een overdekt zwembad natuurlijk, want 's winters is het te koud buiten. 's Winters ga ik soms op de andere dagen van de week naar een schaakclub. Schaken is een van mijn favoriete hobby's. Maar 's zomers ga ik liever in een park zitten of fietsen in het bos.

Na mijn werk ga ik vaak naar de bioscoop met vrienden of ik blijf thuis en kijk t.v. 's Zondags ga ik naar mijn ouders. Zij wonen in Gouda. Eén keer in de maand gaan we met ons drieën naar mijn grootouders in Zwolle.

Ik ga twee keer in het jaar met vakantie. In februari ga ik naar de bergen voor wintersport en in juli ga ik naar het zuiden. Ik zoek het warme weer en het strand op.

bijna	*almost*
worden	*to become*
opgewekt	*cheerful*
het reisbureau	*travel agency*
prettig	*enjoyable*
je kunt hen aan een leuke vakantie	
helpen	*you can help them to get a nice holiday*
overdekt	*covered*
natuurlijk	*of course*
de schaakclub	*chess club*
schaken	*to play chess*
het bos	*wood(s)*
blijven	*to stay*
met ons drieën	*the three of us*
ik ga met vakantie	*I go on holiday*
de berg	*mountain*
opzoeken	*to seek out*
het strand	*beach*

Word pattern

Notice how you say alone or in company:

op/in mijn eentje	*on my own / by myself*
met z'n tweeën	*the two of them*
met onze drieën	*the three of us*
met jullie vieren	*the four of you*
met z'n vijven	*the five of them*

────────── **Activiteit** ──────────

Mag ik me voorstellen? *May I introduce myself?*

4 Below you are given information about four people. Use this to write a short passage in Dutch, describing them. For example:

```
Emile:  Woonplaats: Gouda
        werkt: Alphen aan de Rijn
        beroep: bankassistent
        gaat naar werk: 's winters: bus;
         's zomers: fiets
        hobby: tennissen x2/week
        bezoek(visit): moeder/Amsterdam: vrijdagavond
```

Emile woont in Gouda. Hij werkt in Alphen aan de Rijn en is bankassistent. 's Winters gaat hij; iedere dag met de bus naar zijn werk. 's Zomers fietst hij naar de bank. Hij tennist twee keer in de week. Iedere vrijdagavond gaat hij naar zijn moeder in Amsterdam.

NB Notice this point about using **overstappen**:

ik stap over op de bus	*I change to the bus*
ik moet op de bus overstappen	*I have to change to the bus*

(a) Francesca: woonplaats: Amersfoort
beroep: verpleegster
gaat naar werk: tram
hobby: 's winters: schaatsen;
 's zomers tennis sen
vakantie: lente: zuid/strand
bezoek: zondag/ouders

(b) Piet: woonplaats: Rijswijk
werkt: Rotterdam
gaat naar werk: auto
beroep: verkoper
hobby: lunchpauze: zwemmen; 's avonds: voetballen
bezoek: x1 maand/ouders: zaterdag

(c) Joris: woonplaats: Haarlem
werkt: Leiden
beroep: leraar
gaat naar werk: bus tot station/trein
hobby: schaakclub/x3/week
vakantie: juli: Frankrijk

(d) Eve: woonplaats: Franeker
werkt: Leeuwarden
beroep: bankassistente
gaat naar werk: fiets tot station/trein
hobby: 's winters: schaatsen;
 's zomers fietsen
vakantie: herfst/Spanje

 —————————— **Activiteit** ——————

Hallo! Ik ben . . .

5 Now write a short passage about yourself, using the text **Ger vertelt over zichzelf** as a guide.

——————————— **Activiteit** ———————————

Wat zullen we morgen doen?

6 Compose the following short dialogues in Dutch:

NB: To ask what time to meet:

Voor hoe laat . . . ?
Voor x uur.

(a) Lies asks what Arie is going to do on Tuesday evening. He says he is going to watch football.
(b) Dennis asks Heleen if she wants to go to the cinema tomorrow. She says she can't go tomorrow.
(c) Ruud asks Marion what time they should meet. She says 7.15 at the bus stop.
(d) Wilma asks Ans if she wants to go shopping on Saturday afternoon. Ans says she is going to the hairdresser's.

 Word patterns

Look at how you apply expressing likes and dislikes to activities and hobbies:

ik fiets graag	*I like cycling*
jij zwemt graag	*you like swimming*
hij kijkt graag t.v.	*he likes watching TV*
zij borduurt graag	*she likes embroidery*
ik lees graag	*I like reading*
wij gaan graag naar een concert/de bioscoop	*we like going to concerts/ the cinema*
ik voetbal graag	*I like playing football*
ik hou van kunst	*I like art*
ik hou van tennis	*I like tennis*
ik hou van voetbal	*I like football*

Notice also:

ik hou van fietsen	*I like cycling*
ik hou van zwemmen	*I like swimming*
ik hou van lezen	*I like reading*
ik hou van borduren/breien	*I like embroidery/knitting*
ik hou van schilderen	*I like painting*

NB You can use the infinitive of the verb as a noun in the last four examples. The infinitive as a noun is a **het** word. (Check in Part 1 page 35 if you cannot remember these grammatical terms.) You can use the infinitive in this way with several other constructions as well. Look at the following:

ik vind kunst mooi	*I think art is beautiful*
jij vindt popmuziek leuk	*you think pop music is nice*

But also:

hij vindt lezen interessant	*he thinks reading is interesting*
zij vindt fietsen prettig	*she thinks cycling is enjoyable*

And:

ik ben dol op muziek	*I am mad about music*
ik heb een hekel aan voetbal	*I can't stand football*
ik ben dol op lezen	*I am mad about reading*
ik heb een hekel aan schaatsen	*I can't stand skating*

Notice also the ways to say how you prefer doing one thing to another or to say you like them equally:

ik speel liever tennis dan voetbal	*I prefer playing tennis to football*
ik luister liever naar popmuziek dan naar klassieke muziek	*I prefer listening to pop music rather than classical music*
ik vind lezen interessanter dan breien	*I think reading is more interesting than knitting*
ik hou evenveel van breien als van borduren	*I like knitting as much as embroidery*
ik vind lezen even interessant als sporten	*I think reading is just as interesting as sport*
ik hou evenveel van koken als van schilderen	*I like cooking as much as painting*

Activiteit

Smaken verschillen *Tastes differ*

7   Listen to the text on the cassette and answer the questions in English. You will find the text at the back of the book on page 178:

weleens	sometimes
de geschiedenis	history

(a)   What does Geert like to do?
(b)   Name his activities in order of preference.
(c)   How does he get to the swimming baths?
(d)   What is Margaret's favourite hobby?
(e)   What kind does she prefer?
(f)   Does she prefer abstract to representative painting?
(g)   What does Irene like?
(h)   What is her favourite and least favourite sort?
(i)   Where does she usually practise her hobby?
(j)   What does Mark do in his free time?
(k)   What does he like best?
(l)   What other hobby has he got?

Activiteit

Het liefst ga ik een wandeling maken *What I like best is to go walking*

8   Look at the descriptions of the four people below. Then, using the various activities and hobbies given above as examples, write a short passage about their likes and dislikes.

NB There are various possibilities. The key gives a suggestion. Here is one example:

Meneer van Mierlo is oud maar actief. Hij is artistiek en ook handig.

Meneer van Mierlo fietst graag en hij houdt van tennis. Hij is dol op klassieke muziek maar hij heeft een hekel aan popmuziek. Hij houdt ook niet van abstracte kunst maar hij vindt oude kunst mooi en hij houdt van schilderen.

(a) Mevrouw Bergkamp is oud en loopt moeilijk, ze komt dus niet vaak buiten. Ze kan nog goed zien. Zij is vrij artistiek en ook handig.

(b) Jantje is jong en sterk. Zij is erg actief en kan niet lang stilzitten. Ze gaat graag met haar vriendinnen om.

(c) Meneer Vismans is van middelbare leeftijd. Hij is leraar Engels en weet veel van geschiedenis. Hij is artistiek maar hij is ook energiek en houdt van buiten zijn.

(d) Tom is twintig. Hij is groot en sterk. Hij is actief maar soms wil hij graag even stilzitten en over ideeën gaan nadenken.

artistiek	artistic
handig	good with one's hands
actief	active
met haar vriendinnen omgaan	to go around with her friends
middelbaar	middle
de leeftijd	age
de idee	idea
nadenken	to think about

Activiteit

Ik interesseer me voor . . .

9 Write a short passage of about 60–100 words on your own interests and indicate where there are degrees of likes and dislikes.

Dialoog

 Laten we naar de Deltawerken gaan *Let's go to the Delta works*

Ada and Karel are planning a day out with her parents. They decide where to go and what to do.

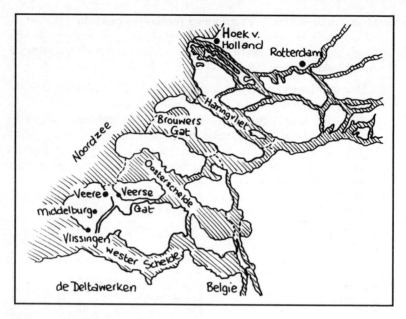

Ada   Zullen we morgen een uitstapje maken?

Karel   Nou, wat is de weersverwachting voor het weekend?

Ada   Uitstekend. Het wordt warm en zonnig. Zullen we naar het strand?

Karel   Liever niet. Ik verveel me op het strand. Je kunt niets doen aan zee behalve zonnebaden. Laten we naar de Deltawerken gaan. Dat is echt een stukje Nederlandse geschiedenis.

Ada   Misschien. Er is een uitgebreide tentoonstelling over het Deltaprojekt op de Oosterscheldekering. Maar is dat iets voor mijn ouders? Die hebben niet zo veel zin in wetenschappelijke tentoonstellingen. Ze houden van kunst en mooie stadsgezichten.

Karel   Geen probleem. Je kunt erg veel doen in Zeeland. Je hebt niet alleen al die dammen en sluizen maar ook al die oude dorpen en steden. En Middelburg heeft een prachtig museum met veel schilderijen.

Ada   Ja, een goed idee. En in Brouwershaven kun je boottochtjes maken. Dan kan de gids ons de omgeving laten zien.

Karel   Je vergist je, denk ik. De boottochtjes varen vanuit Veere. Maar dat zoeken we allemaal in de groene gids op.

Ada   Okay.

Study the dialogue and accompanying vocabulary carefully.

het uitstapje	*trip*
het wordt warm en zonnig	*it is going to be warm and sunny*
het strand	*beach*
niets	*nothing*
behalve	*except*
zonnebaden	*to sunbathe* (**ik zonnebaad,**
	jij zonnebaadt, etc.)
dat is echt een stukje Nederlandse	
geschiedenis	*that's a real piece of Dutch history*
misschien	*perhaps*
uitgebreid	*extensive*
het projekt	*project*
de Oosterscheldekering	*storm surge barrier on E. Scheldt*
wetenschappelijk	*scientific*
het stadsgezicht	*town view*
de dam	*dam*
de sluis	*lock (on waterway)*
het boottochtje	*boat trip*
de gids	*guide*
zich vergissen	*to be mistaken*
vanuit	*from*
opzoeken	*to look up*

Word patterns

You have learnt that you can refer to the future in Dutch by using the verbs **zullen** and **gaan**. These verbs are particularly used when expressing intention. However, if you are simply talking about future actions, you usually just use the present tense. For example:

Dat zoeken we morgen in de groene gids op.   *We'll look that up in the green guide tomorrow.*

Ik reis volgende week naar Brazilië.   *I am going to Brazil next week.*

Another way to refer to the future time in Dutch is to use the verb **worden** *to become*:

Het wordt warm en zonnig.   *It will be warm and sunny.*

Dat wordt ƒ 12,50.   *That will be ƒ 12.50.*

Notice also the way the verb **laten** is used:

***Laten* we naar de Deltawerken gaan.**   *Let's go to the Delta works.*

| De gids kan ons de omgeving **laten zien.** | *The guide can show us the area.* |

And this use:

| **Ik moet mijn auto laten repareren.** | *I must have my car repaired.* |
| **Ik moet mijn haar laten knippen.** | *I must have my hair cut.* |

--- **Activiteit** ---

Uitgaansmogelijkheden *Entertainment facilities*

10 Here are some examples of possible ways of spending the weekend:

naar het strand gaan	*to go to the beach*
zeilen	*to sail*
windsurfen	*to windsurf*
een fietstocht maken	*to go on a cycle ride*
een wandeling maken	*to go for a walk*
kamperen	*to camp*
naar Parijs gaan	*to go to Paris*
op het platteland gaan	*to go to the country*
in een hotel logeren	*to stay in a hotel*
naar een museum gaan	*to go to a museum*
naar de bioscoop gaan	*to go to the cinema*

Now use the information about Wim and Joke given below to complete the dialogue. (There are various possibilities; the key gives an example.)

Wim   Houdt van steden; tentoonstellingen; films; fietsen; houdt niet van het strand en de zee of van kamperen.

Joke   Houdt niet van grote steden maar wel van wind en zee; is erg actief; heeft een hekel aan stilzitten; interesseert zich voor kunst.

Wim   (*suggests activities for the weekend: where to go, what to do and where to stay*)

Joke   (*says what she thinks of his idea and proposes her own*)

Wim   (*replies he isn't keen, says he doesn't like the idea of where to* *stay and says what he thinks of being beside the sea)*

Joke *(agrees, makes a compromise suggestion about where to go and where to stay)*

Wim *(says it's a good idea)*

 ———————— **Activiteit** ————————

Ga je naar het strand?

11 Below you have set out a list of activities you are going/not going to do. Make up dialogues for these pairs on the following pattern:

Ga je naar het strand?
Are you going to the beach?
Nee, ik ga niet naar het strand maar ik ga wel zeilen.
No, I'm not going to the beach, but I am going sailing.

You should answer all these following pairs by using **niet** about the activities in the first column and **wel** about the activities in the second column.

Wel is used as the opposite of **niet** and also of **geen**. It gives extra positive emphasis as you can see from the example above. The place of **wel** in the sentence is the same as that of **niet**.

If you need to remind yourself about where **niet** should come in the sentence, then check this on pages 59–60.

A

Activities you are **not** going to do	Activities you **are** going to do
(i) gaan windsurfen	gaan zwemmen
(ii) in een hotel gaan logeren	gaan kamperen
(iii) naar het museum gaan	naar de bioscoop gaan
(iv) je auto laten repareren	je auto laten wassen
(v) met de trein naar je werk gaan	met de fiets naar je werk gaan
(vi) met de bus naar je werk gaan	met de bus naar de winkels gaan
(vii) naar de dokter gaan	naar de drogist gaan
(viii) met een paar vriendinnen gaan lunchen	je haar laten knippen
(ix) vaak naar de bioscoop gaan	iedere week naar het theater gaan

2 Now look at the choices of things you do/don't do. Make up short dialogues for these pairs on the following pattern:

Weet jij de weg? *Do you know the way?*
Nee, ik weet de weg niet, maar *No, I don't know the way,*
ik kan iemand wel vragen. *but I can ask someone.*

B

Things you **don't** do	Things you **do** do
(i) het boek lezen	de brief schrijven
(ii) de soep eten	het slaatje eten
(iii) in Amsterdam wonen	in Londen wonen
(iv) de vis lekker vinden	de sperziebonen lekker vinden
(v) de jurk kopen	de rok kopen
(vi) je voor kunst interesseren	je voor geschiedenis interesseren

Now look at the choices of things you don't want to do / don't like to do and do want to do / like set out below. Make up short dialogues on the pattern given:

Heb je zin in een glas wijn? *Do you fancy a glass of wine?*
Nee, ik heb geen zin in een *No, I don't fancy a glass of wine,*
glas wijn, maar wel in een *but I do fancy a soft drink.*
glas fris.

To answer these pairs you will use **geen** and **wel**. If you cannot remember when **geen** rather than **niet** is used, check in Part 1 on page 61.

C

Things you **don't** want to do/like	Things you **do** want to do/like
(i) een retour naar Groningen nodig hebben	een enkele reis nodig hebben
(ii) rokken dragen	broeken dragen
(iii) Frans spreken	Duits spreken
(iv) hoofdpijn hebben	keelpijn hebben
(v) last hebben van je buik	last hebben van je rug
(vi) rundvlees eten	kip eten
(vii) hoestdrankjes kopen (formal question)	homeopathische pilletjes tegen de hoest verkopen

Key to the Exercises

Unit 1

1 (a) Dit is meneer de Groot. Hij is docent. Hij spreekt Engels en Spaans. Hij woont in Utrecht. Hij helpt Jan Versteeg. (b) Dit is mevrouw van Hanegem. Zij is bankassistente. Zij spreekt Engels en Italiaans. Zij woont in Amersfoort. Zij helpt mevrouw Terpstra. **2** (a) ik denk, jij denkt u denkt, hij/zij/het denkt, wij denken, jullie denken, u denkt, zij denken (b) ik drink, jij drinkt, u drinkt, hij/zij/het drinkt, wij drinken, jullie drinken, u drinkt, zij drinken. **3** (a) Ik ben Karel Bos. Ik ben zakenman. Ik spreek Engels en Frans. Ik woon in Amsterdam. Ik help mevrouw Droste. (b) Ik ben meneer de Groot. Ik ben docent. Ik spreek Engels en Spaans. Ik woon in Utrecht. Ik help Jan Versteeg. **4** (a) U bent mevrouw Schipper? (b) Jij bent Wim Den Uyl? (c) Jij bent Joop Tersteeg? (d) U bent meneer Brink? **5** (a) Jij bent Sara Bakker, is het niet? Jij bent verpleegster, is het niet? Jij spreekt Engels en Frans, is het niet? Jij woont in Hilversum, is het niet? Jij helpt Mieke Jaspers, is het niet? (b) U bent mevrouw Hanegem, is het niet? U bent bankassistente, is het niet? U spreekt Engels en Italiaans, is het niet? U woont in Amersfoort, is het niet? U helpt mevrouw Terpstra, is het niet? **6** (a) Mevrouw Schipper en mevrouw Hanegem wonen in Amersfoort, Joop Tersteeg en Marco Cohen wonen in Leeuwarden. Meneer Brink en meneer de Groot wonen in Utrecht. Karel Bos woont in Amsterdam. Wieteke Jansma woont in Arnhem. Sara Bakker woont in Hilversum. (b) Saskia de Boer en Wieteke Jansma spreken Engels en Duits, Ruud Krol en meneer de Groot spreken Engels en Spaans. Sietske Zwart en Mark Cohen spreken Engels en Russisch, Mevrouw Hanegem spreekt Engels en Italiaans.

Unit 2

1 (a) Waar woon jij? *Ik woon in Leeuwarden.* (b) Waar wonen Frans en Mieke? *Zij wonen in Rotterdam.* (c) Waar woont Janneke? *Zij woont in Den Bosch.* (d) Waar werk jij? *Ik werk in Haarlem.* (e) Waar werkt Karel? *Hij werkt in Amsterdam.* (f) Waar wonen jullie? *Wij wonen in Groningen.* **2** (a) Waar is het ziekenhuis? *Het ziekenhuis is aan de linkerkant.* (b) Waar is het zwembad? *Het zwembad is aan de linkerkant.* (c) Waar is het station? *Het station is aan de linkerkant.* (d) Waar is het museum? *Het museum is aan de rechterkant.* (e) Waar is het postkantoor? *Het postkantoor is aan de rechterkant.* (f) Waar is het park? *Het park is aan de rechterkant.* **3** (a) Wat bent u van beroep? (wat doet u?) *Ik ben verpleegster.* (b) Wat doe jij? (wat ben jij van beroep? *Ik ben bibliothecaris.* (c) Wat doe jij? (wat ben jij van beroep?) *Ik ben docent.* (d) Wat bent u van beroep? (wat doet u?) *Ik ben dokter.* (e) Wat doe jij? (wat ben jij van beroep?) *Ik ben secretaresse.* **4** (a) Wat drink jij? (b) Wat zoek jij? (c) Wat maak jij? **5** (a) Goedemiddag, (dag) mevrouw Dekker. Hoe gaat het? *Het gaat goed, dank u.* (b) Dag (goedemorgen) Henk. Hoe gaat het? *Het gaat niet zo goed.* (c) Dag, Jan. Hoe gaat het? *Ach, het gaat wel.* (d) Goedenavond, (dag) meneer Kok. Hoe gaat het? *Het gaat uitstekend. Dank u.* **6** (a) 620 876 (b) 932 465 (c) 167 598. **7** (a) zeven, vier, twaalf, vijf, negentien, twee, acht, tien, twintig, zeventien. **8** Hoe laat is het? (a) Het is tien over zeven. (b) Het is half een. (c) Het is kwart over vier. (d) Het is kwart voor negen. (e) Het is vijf uur. (f) Het is tien over half vijf. (g) Het is tien voor half vier. (h) Het is vijf voor half zeven. (i) Het is tien voor tien, j) Het is vijf over half elf. **9** (a) Ik ontbijt om kwart voor acht. (b) De trein vertrekt om kwart over zes. (c) Paula komt om half elf. (d) Het concert begint om kwart over zeven. (e) Ik eet om kwart voor zes. (f) Ik kom om acht uur. **10** (a) Waar is het feest? Hoe laat begint het feest? Wat breng jij? (b) Hoe heet jij? *Ik heet Paula.* Waar woon jij? *Ik woon in de Weststraat.* Wat doe jij? (Wat ben jij van beroep?) *Ik ben docent.* Waar werk jij? *Ik werk in de Keizerstraat.* Wat drink jij? (c) Dit is Mieke. Zij woont in de Breestraat. Zij is secretaresse. Zij werkt in de Kortestraat. Zij drinkt wijn.

Unit 3

1 (a) Hoeveel kosten de appels? (b) Hoeveel kosten de radijzen? (c) Hoeveel kosten de tomaten? (d) Hoeveel kosten de bonen? (e) Hoeveel kosten de wortels? **2** (a) zesendertig, drieëntwintig, vijfenzestig, achtenveertig, zesenvijftig, tweeënzeventig, vierentachtig, vijfennegentig. **3** (a) Hoeveel kost de bloemkool? *De bloemkool kost drie gulden en tien cent.* (b) Hoeveel kosten de druiven? *De druiven kosten twee gulden en vijfenzeventig cent per pond.* (c) Hoeveel kosten de radijzen? *De radijzen kosten een gulden en zesenzeventig cent.* (d) Hoeveel kosten de peren? *De peren kosten twee gulden en vijftien cent per kilo.* (e) Hoeveel kosten zes perziken? *Zes perziken kosten drie gulden en zesentwintig cent.* **4** (a) Hoeveel sinaasappels heb je nodig? *Ik heb vijf sinaasappels nodig.* (b) Hoeveel pakken melk heb je nodig? *Ik heb twee pakken (melk) nodig.* (c) Hoeveel flessen bier heb je nodig? *Ik heb twaalf flessen (bier) nodig.* (d) Hoeveel bloemkolen heb je nodig? *Ik heb één bloemkool nodig.* (e) Hoeveel appels heb je nodig? *Ik heb 1 kilo (appels) nodig.* (f) Hoeveel pakken rijst heb je nodig? *Ik heb vier pakken (rijst) nodig.* (g) Hoeveel bonen heb je nodig? *Ik heb twee kilo bonen nodig.* (h) Hoeveel druiven heb je nodig? *Ik heb een pond druiven nodig.* **5** guldens, kwartjes, rijksdaalders, dubbeltjes, stuivers, centen. **6** Welke kaas wil je? Welke koekjes wil je? Welk brood wil je? Welke chips wil je? Welke chocola wil je? Welke

drop wil je? Welk snoepje wil je? **7**(a) Vijf sinaasappels, graag. Mag ik vijf sinaasappels? Ik wil graag vijf sinaasappels. (b) Drie flessen wijn, graag. Mag ik drie flessen wijn? Ik wil graag drie flessen wijn. (c) Een bloemkool, graag. Mag ik een bloemkool? Ik wil graag een bloemkool. (d) een pond bonen graag. Mag ik een pond bonen? Ik wil graag een pond bonen. **8** Goedemorgen (goedemiddag), mevrouw (meneer). Goedemorgen (goedemidda(g). *Drie kilo aardappels, graag en 1 kilo appels (Mag ik drie kilo aardappelen en 1 kilo appels?)* (Ik wil graag drie kilo aardappelen en 1 kilo appels). Welke (appels) wilt u? *Goudreinetten, graag. Hoeveel kosten de perzikken?* Drie gulden en vijftig cent per pond. *Een pond perzikken, graag.* Dat is dan negen gulden en tien cent bij elkaar. *Alstublieft.* Dank u wel. *Tot ziens, mevrouw (meneer).* Dag.

Unit 4

1(a) hun (b) zijn (c) haar (d) haar (e) hun (f) zijn. **2**(a) jullie (b) jouw (c) jullie (d) jouw (e) jouw (f) jullie. **3** Example sentences: Tante Nel en oom Arend zijn aardig. Mijn ooms zijn groot. Mijn zus is vervelend. Mijn broer is klein. Mijn zus en mijn broer zijn vervelend. Mijn dochter is mooi. Mijn vader is zakenman. Mijn moeder is dokter. Mijn man is lief. Mijn vrouw is mooi. **4**(a) zijn (b) zijn (c) haar (d) haar (e) zijn (f) haar **5**(a) Ik draag mijn witte overhemd, mijn blauwe stropdas, mijn rode jas en mijn gele broek. (b) Ik draag een witte rok, een blauw t-shirt, een rode trui en een gele bril. (c) Hij draagt een witte broek, een blauw colbert, een rood overhemd en een gele hoed. **7** Ik houd van witte wijn. (b) Jij houdt van rode paprika, is het niet? (c) Jantien houd van zwarte kleren. (d) Mijn ouders houden van grote huizen (e) Mijn kinderen houden van oranje voetbalshirts. (f) Mandy houdt van kleine kinderen. **8** A (i) vader, moeder, opa, oma. (ii) zus, vriendin. (iii) vader, zoon. (iv) opa, oma, moeder, vader, oom, tante, zus. B (i) oma – grote hoed; opa – bril (ii) zus – rood t-shirt; vriendin – gele broek (iii) vader – net pak; zoon – rugzak (iv) oom Piet – stropdas; tante Katy – groene jurk . **Luistertekst** ((a) Op deze foto staan mijn vader en moeder bij het Rijksmuseum. Op de linkerkant van de foto zie je mijn oma. Zij draagt een grote hoed. De man met de bril aan de rechterkant is mijn opa. ((b) Dit is een foto van onze tent. Mijn zus zit voor de tent. Zij draagt een rood t-shirt. Het meisje met de gele broek is mijn vriendin. ((c) Dit is het Vondelpark. De man in het nette pak is mijn vader. De jongen met de rugzak naast hem is mijn zoon. ((d) Dit is een foto van onze hele familie in een restaurant. In het midden zie je mijn opa en oma. Naast mijn oma zit mijn moeder en daarnaast mijn vader. De man met de stropdas is oom Piet en de vrouw met de groene jurk is tante Katy. Mijn kleine zus zie je ook aan de rechterkant van de foto. **9** (a) Jasmijn houdt van wijn. Zij draagt een broek en een jas. Zij draagt een bril. Zij heeft drie kinderen. (b) Jaap houdt van sportieve kleren. Hij draagt een spijkerbroek. Hij houdt van bier. Hij heeft een computer.

Unit 5

1(a) Ik wil graag een (glas) sinaasappelsap; een sinaasappelsap, graag (b) Ik wil graag een limonade; een limonade, graag. (c) Ik wil graag een borrel; een borrel, graag. (d) Ik wil graag een glas fris; een glas fris, graag. (e) Ik wil graag een cassis; een cassis, graag. (f) Ik wil graag een kopje thee met melk en (met) suiker; een kopje thee met melk en suiker, graag. (g) Ik wil graag een kopje koffie met melk en zonder suiker; een kopje koffie met melk en zonder suiker, graag. (h) Ik wil graag een (glas) ananassap; een (glas) ananassap, graag. **2**(a) Mag ik een glas witte wijn. Geeft u mij maar een glas witte wijn. (b) Mag ik een kopje thee? Geeft u mij maar een kopje thee. (c) Mag ik een uitsmijter? Geeft u mij maar een uitsmijter. (d) Mag ik een jenever? Geeft u mij maar een jenever. (e) Mag ik een (glas) druivensap?

Geeft u mij maar een druivensap. (f) Mag ik een stuk appeltaart? Geeft u mij maar een stuk appeltaart. (g) Mag ik een slaatje? Geeft u mij maar een slaatje. (h) Mag ik een pizza? Geeft u mij maar een pizza. **3** Berend, Annie en de kinderen zitten in een restaurant. Berend wil een pilsje en Annie wil een jus d'orange. Berend en Annie nemen een uitsmijter. Tine bestelt patat voor de kinderen. **4**(a) haar (b) mij (c) hen (d) ons (e) jou (f) hem. **5** Hoe laat vertrekt de trein? *Om half elf.* Sorry, ik begrijp u niet. *Spreekt u Nederlands?* Ik spreek een klein beetje Nederlands. Kunt u langzaam praten?

Unit 6

1(a) Ja, ik hou van moderne kleren. Nee, ik hou niet van moderne kleren. (b) Ik hou van grote tuinen. Nee, ik hou niet van grote tuinen. (c) Ja, ik werk in Groningen. Nee, ik werk niet in Groningen. (d) Ja, ik woon in Amersfoort. Nee, ik woon niet in Amersfoort. (e) Ja, mijn schoenen zijn oud. Nee, mijn schoenen zijn niet oud. (f) Ja, ik drink graag thee zonder melk. Nee, ik drink niet graag thee zonder melk. (g) Ja, ik ben de nieuwe manager. Nee, ik ben de nieuwe manager niet. (h) Ja, de bananen zijn duur. Nee, de bananen zijn niet duur. (i) Ja, ik ga naar mijn werk. Nee, ik ga niet naar mijn werk. j) Ja, dit is mijn jas. Nee, dit is mijn jas niet. **2**(a) Nee, ik drink geen melk. (b) Nee, ik koop geen appels. (c) Nee, ik eet geen chocola. (d) Nee, ik spreek geen Frans. (e) Nee ik heb geen kinderen. (f) Nee, ik neem geen uitsmijter. (g) Nee, ik wil geen slaatje. (h) Nee, ik breng geen pizza. **3**(a) Bent u meneer Plantinga. Woont u in Herenveen? Bent u politie-agent? Is uw adres: Pijlslaan 15? Is uw postcode: 2586 AL? Is uw telefoonnummer: 432678? (b) Ben jij Kaatje Lijbers? Woon jij in Herenveen? Ben jij verpleegster? Is jouw adres: Seringenlaan 18? Is jouw postcode: 1864KN? Is jouw telefoonnummer: 567392? **4** En jij? Werk jij of studeer je? *Ik werk. Ik ben docent op een school in Amsterdam.* Werk je daar al lang? *Sinds* *twee jaar.* **5**(a) Luistert u naar de radio? (b) Gaat u naar restaurants? (c) Gaat u naar feesten? (d) Drinkt u wijn? (e) Spreekt u Frans? (f) Eet u pizza's? (g) Draagt u spijkerbroeken? **6**(a) Luister je naar de radio? (b) Ga je naar restaurants? (c) Ga je naar feesten? (d) Drink je wijn? (e) Spreek je Frans? (f) Eet je pizza's? (g) Draag je spijkerbroeken? **7**(a) Nee, ik luister niet naar de radio. (b) Nee, ik ga niet naar een restaurant. (c) Nee, ik ga niet naar feesten. (d) Nee, ik drink geen wijn. (e) Nee, ik draag geen spijkerbroek. (f) Nee, ik eet geen pizza's. (g) Nee, ik kijk geen tv. **8**Gaat u vroeg naar bed? *Ik ga altijd vroeg naar bed.* Leest u vaak? *Ik lees soms.* Eet u vaak in een restaurant? *Ik eet soms in een restaurant.* Koopt u vaak nieuwe kleren? *Ja, ik koop vaak nieuwe kleren.* Gaat u vaak vroeg naar uw werk? *Ik ga meestal vroeg naar mijn werk.* Werkt u vaak in de tuin? *Ja, ik werk vaak in de tuin.* **9**(a) Ik ben Vlaams. (b) Ik ben Frans. (c) Ik ben Iers. (d) Ik ben Chinees. (e) Ik ben Schots. (f) Ik ben Duits. **10**(a) Nederlandse (b) Amerikaanse (c) Schotse (d) Duits (e) Italiaanse (f) Spaanse (g) Ierse (h) Britse. **11** Peter Bos, politie-agent, Nederlands, Hilversum, 2856AL, 698 701.

Unit 7

1(a) Ga je morgen de school opbellen? *Ja, ik ga morgen de school opbellen.* (b) Ga je morgen schaatsen? *Ja, ik ga morgen schaatsen.* (c) Ga je morgen zwemmen? *Ja, ik ga morgen zwemmen.* (d) Ga je morgen in een restaurant eten? *Ja, ik ga morgen in een restaurant eten.* (e) Moet je morgen boodschappen doen? *Ja, ik moet morgen boodschappen doen.* (f) Moet je morgen jouw huis schilderen? *Ja, ik moet morgen mijn huis schilderen.* (g) Moet je morgen een brief aan jouw vriend schrijven? *Ja, ik moet morgen een brief aan mijn vriend schrijven.* (h) Moet je morgen de school opbellen? *Ja, ik moet morgen de school opbellen.* **2**(a) Ga je morgen de school bellen? *Nee, ik ga morgen de school niet bellen, maar ik ga dansen.* (b) Ga je morgen schaatsen? *Nee,*

ik ga morgen niet schaatsen, maar ik ga dansen. (c) Ga je morgen zwemmen? *Nee, ik ga morgen niet zwemmen, maar ik ga dansen.* (d) Ga je morgen fietsen? *Nee, ik ga morgen niet fietsen, maar ik ga dansen.* (e) Ga je morgen in een restaurant eten? *Nee, ik ga morgen niet in een restaurant eten, maar ik ga dansen.* **3**(a) Ga je overmorgen schaatsen? (b) Ga je vanavond sporten? (c) Ga je volgende week de school bellen? (d) Ga je vanmiddag boodschappen doen? (e) Ga je volgend jaar jouw huis schilderen? **4**(a) Ik interesseer me niet voor moderne kunst. (b) Ik interesseer me niet voor politiek. (c) Ik interesseer me niet voor science fiction. (d) Ik interesseer me niet voor sport. (e) Ik interesseer me niet voor popmuziek. **5**(a) Ik interesseer me voor klassieke muziek. (b) Ik interesseer me voor Nederlandse literatuur. (c) Ik interesseer me voor autotechniek. (d) Ik interesseer me voor toneel. **6**(a) Gaat u morgen naar de bioscoop? *Nee, ik moet morgen zwemmen. Ik interesseer me niet voor griezelfilms.* (b) Ga je vanavond naar het concert? *Ik moet een brief aan mijn ouders schrijven. Ik interesseer me niet voor popmuziek.* **7** (c) zaterdag en zondag (d) donderdag (e) dinsdag (f) maandag (g) vrijdag. **8** Wat zullen we zaterdag doen? Zullen we naar een Chinees restaurant gaan? Ja leuk. O nee, ik kan zaterdag niet. Zondag dan? Ja zondag is ok Hoe laat zullen we afspreken? Om kwart over twee bij de ingang? Goed. Tot zaterdag dan. **9**(a) Wat ga je maandagavond doen? *Maandagavond ga ik met Tine naar de bioscoop. (Ik ga maandagavond met Tine naar de bioscoop.)* (b) Wat ga je dinsdagmorgen doen? *Dinsdagmorgen ga ik een appeltaart maken (Ik ga dinsdagmorgen een appeltaart maken.)* (c) Wat ga je woensdagochtend doen? *Woensdagochtend ga ik mijn huiswerk maken. (Ik ga woensdagochtend mijn huiswerk maken.)* (d) Wat ga je vrijdagmiddag doen? *Vrijdagmiddag ga ik het artikel over moderne kunst lezen. (Ik ga vrijdagmiddag het artikel over moderne kunst lezen.)* **10**(a) Wat ga je zaterdagmiddag doen? *Zaterdagmiddag* *ga ik nieuwe voetbalschoenen kopen. (Ik ga zaterdagmiddag nieuwe voetbalschoenen kopen)* Wat ga je zondagochtend doen? *Zondagochtend ga ik voetballen. (Ik ga zondagochtend voetballen.)* (b) Wat gaat Jan zaterdagmiddag doen? *Zaterdagmiddag gaat hij nieuwe voetbalschoenen kopen. (Hij gaat zaterdagmiddag nieuwe voetbalschoenen kopen.)* Wat gaat Jan zondagmorgen doen? *Zondagmorgen gaat hij voetballen. (Hij gaat zondagochtend voetballen.)* **11**(a) Wat gaan jullie vrijdagavond doen? *Vrijdagavond gaan wij Maria's verjaardag vieren. (Wij gaan vrijdagavond Maria's verjaardag vieren.)* Wat gaan jullie zaterdagochtend doen? *Zaterdagochtend gaan wij langs de dijk fietsen. (Wij gaan zaterdagochtend langs de dijk fietsen.)* (b) Wat gaan Kees en Maria vrijdagavond doen? *Vrijdagavond gaan zij Maria's verjaardag vieren. (Zij gaan vrijdagavond Maria's verjaardag vieren.)* Wat gaan zij zaterdagochtend doen? *Zaterdagochtend gaan ze langs de dijk fietsen. (Zij gaan zaterdagochtend langs de dijk fietsen.)* **12** Example sentences: Ik moet les zes herhalen. Ik wil eten koken. Ik ga mijn zoon met zijn huiswerk helpen. Ik wil naar het feest van Maria gaan. Ik moet een cadeau voor Maria kopen. Ik mag foto's in het museum maken. **13**(a) Ik wil geen boek lezen (b) Ik wil geen snoepjes kopen (c) Ik wil geen tekening maken (d) Ik wil geen piano spelen (e) Ik wil mijn haar niet wassen (f) Ik wil opa niet helpen (g) Ik wil niet met Sieme zwemmen.

Unit 8

1(a) Waar heeft u zin in? *Ik heb zin in een groot feest.* Waar heb je zin in? *Ik heb zin in een Italiaanse maaltijd.* Waar heb je zin in? *Ik heb zin in de vakantie.* Waar heeft u zin in? *Ik heb zin in een lange wandeling.* (b) Mevrouw Dijkstal heeft zin in een groot feest. Erwin heeft zin in een Italiaanse maaltijd. Pieter heeft zin in de vakantie. Meneer Paardekoper heeft zin in een lange wandeling. (c) Ik heb zin in … **2**(a) aardiger (b) lekkerder, zuurder (c)

lekkerder, zoeter (d) groter, sneller. **3**(a) Ik vind Hans aardiger dan Margriet. (b) Ik vind de rode appels lekkerder dan de groene (appels). De groene appels zijn zuurder dan de rode (appels). (c) Ik vind deze koekjes lekkerder dan die. Deze koekjes zijn zoeter dan die. (d) Een Ford Galaxy is groter dan een Ferrari, maar een Ferrari is sneller dan een Ford Galaxy. **4**(a) Ik vind dat boek moeilijker. (b) Ik vind die rode broek mooier. (c) Ik vind die krant interessanter. (d) Ik vind dat artikel saaier. **5** Lex is vrolijker dan meneer Heeringa. Meneer Heeringa is verdrietiger/depressiever dan Lex. Lex is optimistischer dan meneer Heeringa. Meneer Heeringa is pessimistischer dan Lex. Lex is jonger dan meneer Heeringa. Meneer Heeringa is ouder dan Lex. Lex is moderner dan meneer Heeringa. Meneer Heeringa is ouderwetser dan Lex. **6** Het schilderij van Vermeer is realistischer/traditioneler dan het schilderij van Mondriaan. Het schilderij van Mondriaan is abstracter/lichter/ moderner dan het schilderij van Vermeer. Ik vind het schilderij van Mondriaan boeiender/ vreemder dan het schilderij van Vermeer. **7** …is conservatiever, progressiever, toleranter, agressiever, dikker, slanker, aantrekkelijker, intelligenter, dommer dan…

Unit 9

1(a) Een treintaxi biljet kost 6 gulden. (b) Aan de treintaxi-chauffeur. (c) Maximaal 10 minuten. (d) Bij 111 stations. (e) De treintaxi kan u ook ophalen en naar het station brengen. **2**(a) tot vanmiddag (b) tot zondag (c) tot woensdag (d) tot dinsdag (e) tot volgende week (f) tot volgende maand **3**(a) Is … thuis? (b) Kan ik met … spreken? **4**(a) Kan ik met meneer Plantinga spreken? (b) Is Menno thuis? **5**(a) Met Dirk Jansen. Dag Dirk, met (your name). Is Alice thuis? Zij is naar een feest, maar zij is morgen (weer) thuis. (b) Met de afdeling leningen. Kan ik met mevrouw Blom spreken? Ogenblikje, ik verbind u even door. **6**(a) Ja, we komen morgen mee. (b) Ja, we blijven graag thuis. (c) Ja, ik hang het schilderij in de kamer op. (d) Ja, ik breng de pizza mee. (e) Ja, ik maak het huis schoon. **7**(b) Willen Peter en Dries graag thuisblijven? *Ja, zij blijven graag thuis* (c) Gaat Lena het schilderij in de kamer ophangen? *Ja, zij hangt het in de kamer op.* (d) Zal Lena de pizza meebrengen? *Ja, zij brengt de pizza mee.* (e) Wil Lena het huis schoonmaken? *Ja, zij maakt het huis schoon.* **8** Dag Harry, met (your name). Zullen we morgen voetballen? Zullen we zaterdagavond naar de bioscoop gaan? Hoe laat zullen we afspreken? Goed, tot zaterdag. **9** Met (your name). Ik heb een afspraak voor morgen om half twee, maar ik moet dat helaas afzeggen. Kan ik voor een andere keer afspreken? Nee, dat komt niet zo goed uit. Woensdag is beter (Kan ik voor woensdag afspreken?) Ja, dat is goed. Dan spreken we woensdag om kwart voor drie af.

Unit 10

1(a) Doe straks de boodschappen. (b) Bel me vanavond op. (c) Leer deze les voor morgen. (d) Schrijf oom Jan vanavond. (e) Lees dit artikel. (f) Schreeuw niet zo hard. **2**(a) toch (b) maar (c) toch (d) toch (e) maar (f) toch (g) maar **3** Je moet een vulpen in plaats van een wegwerp-pen gebruiken. Je moet je flessen naar de glasbak brengen. Je moet je oud-papier naar de papierbak brengen. Je moet tweedehands meubels kopen. Je moet chemisch afval niet in de vuilniszak gooien. Je moet je chemisch afval bij de Chemokar inleveren. Je moet je oude kleren naar de tweedehandswinkel brengen. Je moet niet meteen nieuwe spullen kopen, maar je moet kapotte dingen repareren. Je moet geen plastic zakken gebruiken, maar je moet je eigen boodschappentas meenemen. Je moet het licht uitdoen (als het niet nodig is). Je moet deze lijst in de keuken ophangen. **4** Bak drie plakjes ham in de koekepan. Doe drie eieren in de pan. Snijd een augurk en tomaat in plakjes. Smeer drie boterhammen. Leg de eieren, de plakjes tomaat en de augurk boven op de boterham. **5** Zet de verwarming lager.

Doe de verwarming uit als het niet nodig is. Isoleer uw huis. Doe af en toe een raam open. Neem een douche in plaats van een bad. Doe het licht uit als het niet nodig is. Doe de televisie uit als het niet nodig is. Tekst: Eén van de makkelijkste manieren om geld te sparen op energie is de verwarming wat lager te zetten. Dus: Zet de verwarming lager.

En kamer leeg? De verwarming uit! Dus: doe de verwarming uit als het niet nodig is.

Het is een goed idee uw huis te laten isoleren. Dus: Isoleer uw huis.

Maar denkt u eraan, u heeft frisse lucht nodig. Dus: Doe af en toe een raam open. Een bad gebruikt meer water dan een douche. Dus: Neem een douche in plaats van een bad.

Dan kunt u ook geld en electriciteit sparen door op de knop te drukken. Dus: doe het licht uit als het niet nodig is. En: Doe de televisie uit als het niet nodig is.

Unit 11

1: (a) **Mw.deJong:** Hoeveel kost het rundvlees? **Ver:** ƒ 16,50, mevrouw. **Mw.deJong:** Dat is duur. Is lamsvlees goedkoper? **Ver:** Ja, lamsvlees is goedkoper, het kost ƒ 9,50. **Mw.deJong:** Dan neem ik een pond lamsvlees. **Mr. Spaans:** Mag ik een kilo appels? **Ver:** Welke, meneer, de rode of de groene? **Meneer Spaans:** De rode alstublieft. **Ver:** Anders nog iets? **Meneer Spaans:** Nee, dat was het. (c) **Meneer Vrolijk:** Welke kaas zullen we nemen? **Mw.Vrolijk:** Ik heb zin in extra belegen kaas. **Meneer Vrolijk:** Het is een beetje duur. **Mw.Vrolijk:** Okay. Dan nemen we 300 gram belegen kaas. (d) **Jan:** Hebt u Belgisch bier? **Ober:** Ja, meneer. **Jan:** Dan neem ik een glas Belgisch bier. **Piet:** Mag ik een sinaasappelsap. (e) **Mw. Pronk:** Mag ik kip met aardappelen en een slaatje. **Meneer Pronk:** En ik neem het varkensvlees met frites en erwten, alstublieft. **2:** (a) Wim houdt van kip en jenever. Hij vindt thee met melk en schelvis niet lekker. Hij vindt sinaasappels lekkerder dan bananen.

(b) Rebecca vindt scholvis en eieren lekker. Zij houdt niet van boter en sperziebonen. Zij vindt frisdranken lekkerder dan sterke dranken. (c) Arie vindt rundvlees en rode wijn lekker. Hij houdt niet van warme chocolademelk en koffie met suiker. Hij vindt erwten lekkerder dan kool. (d) Truus houdt van druivensap en aardbeien. Zij vindt kabeljauw en bier niet lekker. Zij vindt vlees lekkerder dan vis. **3:** 1. Ik neem liever de sperziebonen dan de erwten. 2. Mag ik een ietsje meer kaas? 3. Ik heb een ietsje minder suiker nodig. 4. Ik eet meer fruit dan vlees. 5. Ik eet liever rundvlees dan varkensvlees. **4:** (a) Dirk vindt fruit lekker en hij drinkt graag thee. Hij is dol op abricozen en drinkt het liefst thee met melk. Hij houdt niet van rundvlees en hij heeft een hekel aan appelsap. Hij drinkt liever bier dan wijn. Hij vindt erwten net zo lekker als bonen. (b) Alice houdt van soep en kaas. Zij eet het liefst tomatensoep en belegen kaas. Zij vindt kabeljauw niet lekker en zij heeft een hekel aan ananas. Zij eet liever halverine dan boter. Zij houdt evenveel van rundvlees als van varkensvlees. (c) Hannie vindt groente lekker en drinkt graag frisdranken. Zij is dol op prei en drinkt het liefst coca cola. Zij houdt niet van rundvlees en heeft een hekel aan jenever. Zij drinkt liever Franse dan Italiaanse wijn. Zij houdt evenveel van aardbeien als van frambozen. (d) Else houdt van vlees en drinkt graag vruchtesap. Zij is dol op rundvlees en drinkt het liefst druivensap. Zij vindt andijvie niet lekker en zij heeft een hekel aan koffie. Zij eet liever varkensvlees dan lamsvlees maar zij vindt spinazie net zo lekker als kool. **5:** (a) Gijs neemt de erwtensoep als voorgerecht. (b) Ik heb een hekel aan biefstuk. (c) Trees wil geen voorgerecht anders eet zij de rest van de maaltijd niet meer. (d) Annie, wil jij liever de biefstuk van de haas of de varkenshaas? (e) Huib heeft zin in de biefstuk met een slaatje. (f) Ober, mag ik de soep van de dag en een slaatje? (g) Gijs eet geen vis, hij neemt de vegetarische schotel. (h) Trees is dol op ijs maar zij

vindt appeltaart niet lekker. (i) Mag ik een bier vooraf? (j) Huib, houd jij van kip met kerriesaus? **6:** Ik zoek een blauwe blouse; Ik heb/draag maat 42; Ik wil een lichtblauwe blouse; Eigenlijk niet. Ik heb een hekel aan korte mouwen; Zij zijn allebei mooi, maar ik vind deze het mooist; Ja, graag. Staat hij me goed? Maar hij is helaas een beetje te groot. **7:** (a). Mag ik een tandenborstel en tandpasta? (b) Mijn vriend(in) heeft zeep en shampoo nodig. (c) Verkoopt u Engelse kranten? (d) Ik zoek een schrijfblok. (e) Waar kan ik papieren zakdoekjes vinden? **8:** (a) Stamps and strippenkaarten. (b) You can send parcels and you can get money. (c) A cheque book and a cheque card. (d) In the cash machine and in shops. (e) Everywhere in Europe. **9:** (a) Ik heb drie zegels van zestig cent nodig. (b) Ik moet een pakje naar Frankrijk versturen. (c) Mag ik zes zegels van vijfenzeventig cent en een strippenkaart? (d) Kan ik hier geld opnemen?

Unit 12

1: (a) Mevrouw Sennema is oud en slank. Zij heeft lang, lichtbruin haar en blauwe ogen. Zij draagt een groene jurk en zwarte schoenen. Zij ziet er ouderwets uit. (b) Meneer van Dam is oud. Hij is lang en mager. Hij heeft grijs, glad haar en bruine ogen. Hij draagt een zwart pak met een wit overhemd. Hij ziet er moe en humeurig uit. (c) Ria is jong, klein en stevig. Zij heeft lang haar met krullen en bruine ogen. Zij draagt een rode trui en een zwarte rok. Zij ziet er vrolijk en vriendelijk uit. (d) Tom is jong. Hij is lang en sterk met lange armen en benen. Hij heeft kort, donker haar. Hij draagt een blauwe spijkerbroek en een t-shirt. Hij ziet er energiek en vriendelijk uit. **2:** (a) Mevrouw Sennema is ouder dan Ria. Zij is langer en slanker dan Ria. Zij hebben allebei lang haar, maar het haar van Ria is donkerder dan het haar van mevrouw Sennema. Mevrouw Sennema heeft blauwe ogen maar Ria heeft bruine ogen. Mevrouw Sennema draagt een jurk maar Ria draagt een trui en een rok. Mevrouw Sennema ziet er ouderwetser uit dan Ria. Ria ziet er vrolijker uit dan mevrouw Sennema. (b) Meneer van Dam is ouder dan Tom. Zij zijn allebei even lang maar meneer van Dam is mager en Tom is sterk. Het haar van meneer van Dam is grijzer dan het haar van Tom. Tom ziet er sportiever uit dan meneer van Dam. Hij ziet er ook vriendelijker en energieker uit dan meneer van Dam. 3(a) Ik ben jong – eenentwinting. Ik ben kort en stevig met lang, blond haar en lichte ogen. Ik draag een spijkerbroek met een gestreept t-shirt en een riem. Ik zie er vrolijk uit. (b) Ik ben lang en slank met kort, zwart haar en donkere ogen. Ik draag een licht pak met een wit overhamd. Ik zie er energiek uit! 1. Box (a). 2. Box (d). 5: (a) Mieke staat om zeven uur op. (b) Mieke haast zich want de bus gaat over tien minuten/want ze moet de bus van 7.55 halen. (c) Mieke moet van half negen tot twaalf uur zitten werken. (d) Mieke gaat om twaalf uur lunchen en zij komt om één uur op kantoor terug / Mieke heeft van twaalf tot één uur lunchpauze. (e) Mieke ontmoet haar vriendin om vijf uur. (f) Mieke gaat om elf uur naar huis. 6: (a) Mevrouw Fellinger kleedt zich om half acht aan. Zij haast zich want ze moet de bus van kwart over acht halen. Zij gaat naar de winkels en vermaakt zich de hele ochtend. (b) Ik sta om half zes op en was mezelf. Ik ga naar kantoor en werk de hele ochtend. Ik verveel me. In de lunchpauze tennis ik. Ik moet me verkleden. Ik amuseer me. (c) Jij interesseert je voor film. Je hebt een afspraak met een vriendin. Je moet je haasten. Jullie gaan naar een Franse film. De film is interessant maar je voelt je moe en eigenlijk vermaak je je niet. (d) We gaan zwemmen. In het zwembad verkleden we ons en vermaken we ons. Wij wassen ons en kleden ons aan. We voelen ons moe. 7: (a) Mw.v.d.Koot: Ik heb keelpijn en koorts. Dokter: U bent verkouden. (b) Meneer Kroes: Ik heb last van mijn rug en van mijn rechterbeen. Dokter: U hebt rheuma. (c) Annette: Ik heb koorts en ik voel me

misselijk. Dokter: U heeft griep. (d) Rob: Mijn ogen jeuken en ik heb hoofdpijn. Dokter: Uw ogen zijn ontstoken. (e) Mw. van Es: Ik moet veel hoesten en ik heb keelpijn. Dokter: U heeft een longontsteking. 8: Doktersassistente: Met de praktijk van Dr. Crespijn. U: Mag ik een afspraak met de dokter voor vandaag? Doktersassistente: Het spijt me maar we zijn vandaag volgeboekt. U: Het is dringend. Ik heb hoge koorts en ik moet veel hoesten. Doktersassistente: Even kijken. Kunt u om half zeven komen? U: Ja, dank u wel. Doktersassistente: U moet vanmiddag naar bed gaan. 9: (a) Heeft u iets tegen oorpijn? (b) Ik heb een pakje aspirine nodig. (c) Hoe vaak moet ik ze nemen? (d) Ik heb zalf tegen een uitslag nodig. (e) Heeft u iets tegen hooikoorts? 10: (a) From the doctor. (b) To a pharmacist. (c) Certain medicines such as contraceptives. (d) Aspirin, ointments, cough mixture. (e) Homoeopathic pills.

Unit 13

1: (a) Waar is het ziekenhuis? (b) Waar is het postkantoor? (c) Ik zoek de slager. (d) Het warenhuis is aan de linkerkant. (e) De bioscoop is aan de rechterkant. 2: (a) Bent u hier bekend? (b) De bioscoop is niet ver weg. (c) Ik ben hier niet bekend. (d) Het park is een eind weg. (e) Moet ik bij het stoplicht rechtsaf? (f) U moet rechtdoor tot het kruispunt. 3: (a) U moet hier rechtdoor tot het stoplicht; bij het stoplicht rechtsaf en de bushalte is aan uw linkerhand. (b) U moet rechtdoor tot het stoplicht; bij het stoplicht rechtsaf tot de eerste straat links; daar linksaf en de school is aan de rechterkant. (c) Je loopt hier rechtdoor en het politiebureau is aan je rechterhand. (d) U gaat de eerste straat rechtsaf; daarna rechtdoor en de bioscoop is aan uw rechterhand. (e) U loopt hier rechtdoor tot het stoplicht; bij het stoplicht linksaf en het ziekenhuis is aan de linkerkant. (f) Je slaat de eerste straat rechtsaf; dan neem je de eerste straat links en de kerk is aan je rechterhand. (g) U loopt hier rechtdoor tot het stoplicht;

bij het stoplicht steekt u over en het station is aan de rechterkant. (h) U slaat de tweede straat linksaf; u neemt dan de eerste straat links en de supermarkt is aan uw linkerhand. **4:** (a) Zou ik u even mogen/ kunnen storen? (b) Zou je even een broodje voor me willen meebrengen? (c) Pardon, mevrouw, zou u me even kunnen helpen? (d) Zou ik u pen even kunnen lenen? (e) Pardon, meneer, hoe laat is het? (f) Pardon, mevrouw, mag ik u iets vragen? Bent u hier bekend? (g) Pardon, meneer, mag ik even passeren? **5:** (a) Yes, it has an extensive and efficient public transport system. (b) Train, tram, bus, underground. (c) City and regional. (d) Tram and underground. (e) Strippenkaart. (f) In places for advance purchase e.g. tobacconist, department store. (g) You give it to the driver to cancel. (h) You can also cancel it yourself at a machine. (i) Slow and fast. (j) Everywhere in the Netherlands. **6:** Ik ga naar Zwolle, moet ik overstappen? Hoe laat vertrekt de trein naar Utrecht? Mag ik een dagretour Zwolle en een strippenkaart? Een kleine, alstublieft. Is er een snackbar op het perron? Waar is hij? Dank u. **7:** (a) Ik heb pech met mijn auto op de (auto)snelweg. (b) De motor is oververhit en de auto heeft geen water. (c) Mijn vooruit is gebroken. (d) Ik heb een monteur nodig. (e) De versnellingsbak is kapot. Text **Activity 8:** **Receptionist:** Hotel de Leeuw, goedemiddag. **Flip:** Goedemiddag. Mijn naam is Den Uyl en ik heb een kamer geboekt voor morgenavond. Ik rijd met de auto vanuit Amsterdam. Hoe kom ik naar Zwolle? **Receptionist:** Erg makkelijk, meneer. U neemt de snelweg A1 naar Amersfoort. Bij Amersfoort neemt u Afrit 16, richting Harderwijk en Zwolle. U rijdt rechtdoor op de snelweg A28 tot Zwolle. Neem de Afrit Zwolle: Centrum en... **Flip:** Eventjes, alstublieft. Ik moet dit allemaal opschrijven. De A1 tot Amersfoort, daarna de A28 tot Zwolle, ja en... **Receptionist:** Rechtdoor tot het stoplicht, linksaf. Na 200 meter komt u op een rotonde. U neemt de derde afslag

en het hotel is aan uw rechterhand. **Flip:** Nou, ingewikkeld, hoor! **Receptionist:** Wees gerust, meneer, de wegwijzers geven de route duidelijk aan. **8:** 6; 2; 4; 5; 7; 3; 1.

Unit 14

1: (a) Ga jij morgen zwemmen? (b) Ik ga vanmiddag naar een museum. (c) Saskia, ga jij volgende week naar Frankrijk? (d) Frans, ga jij vandaag naar het voetbal kijken? (e) Ik ga dit jaar een nieuwe baan zoeken. (f) Pia, ga jij volgende week de school bellen? (g) Ik ga overmorgen naar de bioscoop. (h) Ik ga volgende maand naar Duitsland. **2:** (a) In the North. (b) It is going to be sunny; (b) From the west; (c) It is going to be increasingly cloudy and then it is going to rain; (d) Yes, there will be a moderate to strong southerly wind; (e) Yes, quite cold, maximum temperatures around 4 to 5 degrees; (f) Cloudy and from Sunday onwards rain from time to time. **3:** (a) 's Winters is het koud en vaak nat. Soms vriest het of sneeuwt het. Af en toe waait het hard. (b) In Groenland is het meestal erg koud. Het vriest en het sneeuwt. (d) In de lente is het zacht. Het sneeuwt niet maar er valt af en toe regen. Het is vrij zonnig. (e) In de woestijn is het erg heet. Er valt bijna geen regen. Het kan soms hard waaien. **4:** 1. Francisca woont in Amersfoort. Zij is verpleegster. Zij gaat het hele jaar met de tram naar haar werk. 's Winters schaatst ze en 's zomers tennist ze. Ze gaat één keer in het jaar met vakantie. In de lente gaat ze naar het zuiden; ze zoekt daar het strand op. Iedere zondag gaat ze naar haar ouders in Gouda. (b) Piet woont in Rijswijk maar hij werkt in Rotterdam. Hij gaat met de auto naar zijn werk. Hij is verkoper. In de lunchpauze gaat hij zwemmen en 's avonds voetbalt hij . Één keer in de maand gaat hij op zaterdag naar zijn ouders. (c) Joris woont in Haarlem maar hij werkt in Leiden. Hij is leraar. Iedere dag neemt hij de bus naar het station. Daar stapt hij over op de trein naar Leiden. Drie keer in de week gaat hij in de lunchpauze naar de schaakclub. Ieder jaar gaat hij in juli met vakantie naar Frankrijk. (d) Eve woont in Franeker en werkt in Leeuwarden. Zij is bankassistente. Zij fietst naar het station en daar neemt ze de trein naar Leeuwarden. 's Winters schaatst ze en 's zomers maakt ze fietstochten/fietst ze. Ze gaat één keer in het jaar in de herfst met vakantie naar Spanje. **6:** (a) **L.:** Wat ga je donderdagavond doen? **A.:** Ik ga naar het voetbal kijken. (b) **D.:** Wil je morgen naar de bioscoop? **H.:** Morgen kan ik niet. Ik moet morgen mijn haar wassen. (c) **R.:** Voor hoe laat zullen we afspreken? **M.:** Voor kwart over zeven bij de bioscoop. (d) **W.:** Wil je zaterdagmiddag gaan winkelen? **A.:** Nee, ik kan niet, ik moet naar de kapper. **7:** (a) He likes sport. (b) His favourite activity is swimming, then volleyball, then tennis. (c) He cycles. (d) Art is her favourite hobby. (e) Modern art. (f) No, she likes both sorts. (g) Music. (h) She likes classical music best and pop music least. (i) At home. (j) He reads a lot. (k) Reading literature, especially French and German. (l) Going to the theatre. Text: De meeste mensen hebben hobby's, maar smaken verschillen. Geert sport graag. Hij houdt van tennissen maar hij volleybalt liever. Het liefst gaat hij zwemmen. Hij gaat met de fiets naar het zwembad, want hij fietst ook graag. Margriet is dol op kunst. Zij gaat naar museums. Zij vindt moderne kunst interessanter dan oude kunst, maar zij houdt evenveel van realistische als van abstracte schilderijen. Irene interesseert zich voor muziek. Zij luistert liever naar klassieke dan naar moderne muziek en ze heeft een hekel aan popmuziek. Het liefst luistert zij thuis naar haar CD's maar ze gaat weleens naar een concert. Mark leest veel, vooral literatuur maar ook geschiedenis. Hij leest graag Nederlandse en Engelse literatuur maar het liefst leest hij Franse en Duitse boeken. Hij interesseert zich ook erg veel voor toneel en gaat vaak naar het theater. **8:** (a) Mw. Bergkamp kijkt graag t.v. maar zij luistert liever naar klassieke

muziek. Ze heeft een hekel aan popmuziek en sport. Zij borduurt graag en ze houdt ook van breien. (b) Jantje sport graag: ze houdt van tennis, zwemmen en volleybal. Ze heeft een hekel aan lezen en borduren en ze kijkt niet graag t.v. Ze vindt popmuziek leuk en ze gaat met haar vriendinnen naar concerten en de bioscoop. (c) Mr. Vismans houdt van lezen en hij is dol op klassieke muziek. Hij gaat graag naar concerten maar ook naar het theater. Hij heeft een hekel aan t.v. kijken en ook aan popmuziek. Hij sport graag. Hij vindt fietsen erg leuk maar hij voetbalt liever. (d) Tom houdt van voetbal maar hij tennist liever. Hij leest graag maar hij heeft een hekel aan t.v. kijken. Hij is dol op films maar hij gaat het liefst naar het theater.

10: Wim: Zullen we in het weekend naar Parijs gaan? We kunnen naar de grote museums gaan en een film zien. We kunnen in een hotel logeren. Er zijn veel hotels in Parijs. **Joke:** Beslist niet. Ik heb een hekel aan grote steden. Ik hou van wind en zee. Zullen we naar het strand? We kunnen windsurfen of zeilen. En we kunnen kamperen. Dat is goedkoper. **Wim:** Nou, daar heb ik geen zin in. Ik hou niet van kamperen en ik verveel me aan zee. Er is weinig te doen behalve watersport en ik vind watersport niet leuk. **Joke:** Okay. Maar je houdt toch van fietsen. Zullen we ergens in een hotel op het platteland gaan logeren en een fietstocht of een wandeling maken? **Wim:** Een goed idee. **11: A**(i) Ga je windsurfen? *Nee, ik ga niet windsurfen, maar ik ga wel zwemmen.* (ii) Ga je in een hotel logeren? *Nee, ik ga niet in een hotel logeren, maar ik ga wel kamperen.* (iii) Ga je naar het museum? *Nee, ik ga niet naar het museum, maar ik ga wel naar de bioscoop.* (iv) Ga je je auto laten repareren? *Nee, ik ga mijn auto niet laten reparenen maar ik ga mijn auto wel wassen.* (v) Ga je met de trein naar je werk? *Nee, ik ga niet met de trein naar mijn werk maar ik ga wel met de fiets naar mijn werk.* (vi) Ga je met de bus naar je werk? *Nee, ik ga met de bus niet naar mijn werk maar ik ga met de bus wel naar de winkels.* (vii) Ga je naar de dokter? *Nee, ik ga niet naar de dokter maar ik ga wel naar de drogist.* (viii) Ga je met een paar vriendinnen lunchen? *Nee, ik ga niet met een paar vriendinnen lunchen maar ik ga wel mijn haar laten knippen.* (ix) Ga je vaak naar de bioscoop? *Nee, ik ga niet vaak naar de bioscoop maar ik ga wel iedere week naar het theater.* **B**(i) Lees je het boek? *Nee, ik lees het boek niet maar ik schrijf de brief wel.* (ii) Eet je de soep? *Nee, ik eet de soep niet maar ik eet het slaatje wel.* (iii) Woon je in Amsterdam? *Nee, ik woon niet in Amsterdam maar ik woon wel in Londen.* (iv) Vind je de vis lekker? *Nee, ik vind de vis niet lekker maar ik vind de sperziebonen wel lekker.* (v) Koop je de jurk? *Nee, ik koop de jurk niet maar ik koop de rok wel.* (vi) Interesseer je je voor kunst? *Nee, ik interesseer me niet voor kunst maar ik interesseer me wel voor geschiedenis.* **C**(i) Heb je een retour naar Groningen nodig? *Nee, ik heb geen retour naar Groningen nodig maar ik heb wel een enkele reis nodig.* (ii) Draag je rokken? *Nee, ik draag geen rokken maar ik draag wel broeken.* (iii) Spreek je Frans? *Nee, Ik spreek geen Frans maar ik spreek wel Duits.* (iv) Heb je hoofdpijn? *Nee, ik heb geen hoofdpijn maar ik heb wel keelpijn.* (v) Heb je last van je buik? *Nee, ik heb geen last van mijn buik maar ik heb wel last van mijn rug.* (vi) Eet je rundvlees? *Nee, ik eet geen rundvlees maar ik eet wel kip.* (vii) Verkoopt u hoestdrankjes? *Nee, ik verkoop geen hoestdrankjes maar ik verkoop wel homeopathische pilletjes tegen de hoest.*

Dutch–English Vocabulary

aan *on, to*
aangeven *to indicate*
(zich) aankleden *to get dressed*
aankomen *to arrive*
aantrekkelijk *attractive*
de aardappel *potato*
de aardbei *strawberry*
aardig *nice*
de abricoos *apricot*
de activiteit *activity*
het adres *address*
het advies *advice*
de afdeling *department*
afgesproken *agreed*
afhalen *collect*
de afrit, de afslag (motorway) *exit*
de afspraak *appointment*
afspreken *to make an appointment*
afstempelen *to cancel* (a ticket)
het afval *rubbish*
afzeggen *to cancel* (an appointment)
al *all*
allebei *both*
alleen *only, alone*
allemaal *all*
allerlei *all sorts of*
altijd *always*
(zich) amuseren *to amuse oneself*
de ananas *pineapple*
ander *other*
anderhalf *one-and-a-half*
anders *otherwise*
de andijvie *endive*
de apotheek *pharmacist*
de appel *apple*

de arm *arm*
het artikel *article*
artistiek *artistic*
de aspirine *aspirin*
de assistent (e) *assistant*
de augurk *gherkin*
de automaat *machine*
de autosnelweg *motorway*
de avond *evening*

de baan *job*
bakken *to fry*
de bal *the ball*
de banaan *banana*
bedankt *thanks*
het been *leg*
een beetje *a little*
beginnen *to begin*
begrijpen *to understand*
behalve *except*
belangrijk *important*
belegen *mature* (cheese)
bellen *to ring*
bepaald *certain*
de berg *mountain*
het beroep *profession*
beslist *certainly*
bestaan *to exist*
bestellen *to order*
betalen *to pay*
de betaling *payment*
betekenen *to mean*
beter *better*
de beurt *turn*
bewolkt *cloudy*
het bezoek *visit*
de bibliothecaris(esse) *librarian*
de biefstuk *steak*
het bier *beer*
bij *at, by, in, near*
bijna *nearly*

binnen *inside*
de bioscoop *cinema*
blauw *blue*
blijven *to stay*
de bloem *flower*
de bloemkool *cauliflower*
boeiend *exciting*
het boek *book*
boodschappen *shopping*
de boon *bean*
borduren *to embroider*
de borrel *drinks*
het bos *wood*
de boter *butter*
de boterham *sandwich*
boven *above*
breien *to knit*
brengen *to bring*
de briefkaart *postcard*
de bril *glasses*
de broek *trousers*
de broer *brothers*
het broodje (bread) *roll*
bruin *brown*
de bui *shower* (of rain)
de buik *stomach*
buiten *outside*
de bushalte *bus stop*
de buurt *neighbourhood*

het cadeau *gift*
het centrum *centre*
de chocola *chocolate*
het colbert *jacket*
comfortabel *comfortable*

daar *there*
daarna *next*
daarnaast *next to*
de dag *day*
dan *then*
danken *to thank*

dansen *to dance*
dat *that*
denken *to think*
de deur *door*
deze *this, these*
dicht *shut*
de dienst *service*
de dijk *dike*
dik *fat*
het ding *thing*
dit *this*
de docent(e) *lecturer*
de dochter *daughter*
doen *to do*
de dokter *doctor*
dol *mad*
dom *stupid*
donker *dark*
doorverbinden *to connect*
het dorp *village*
dragen *to wear, carry*
de drank *drink*
dringend *urgent*
drinken *to drink*
de drogist *chemist*
droog *dry*
de druif *grape*
drukken *to press, print*
duidelijk *obvious*
duizeligheid *dizzyness*
dun *thin*
dus *so, thus*
duur *expensive*

echt *real, really*
effen *plain*
het ei (pl. eieren) *egg*
eigen *own*
eigenlijk *really*
het eind *end*
de electriciteit *electricity*
het elftal *team* (of eleven)
elk *each*
elkaar *each other*
de energie *energy*
energiek *energetic*
enkel *single*

er *there*
ergens *somewhere*
eruitzien *to look* (like)
de erwt *pea*
eten *to eat*
etenswaren *food*
evenveel *as much*

de familie *family*
favoriet *favourite*
het feest *party*
de fiets *bicycle*
fietsen *to cycle*
de fles *bottle*
de foto *photograph*
de framboos *raspberry*
gaan *to go*
de garnaal *prawn*
geboekt *booked*
gebroken *broken*
gebruiken *to use*
geel *yellow*
geen *no*
het gehakt *mince*
geldig *valid*
gelijk *equal*
de gemeente *municipality*
het geneesmiddel
  medicine
de geschiedenis *history*
het gesprek *conversation*
gestreept *striped*
geven *to give*
gevuld *filled*
het gewicht *weight*
gewoon *ordinary*
het gezin *family*
gezond *healthy*
de gids *guide*
het glas *glass*
glimlachen *to smile*
goed *good*
goedkoop *cheap*
gooien *to throw*
de griep *flu*
grijs *grey*
groen *green*

de groente *vegetables*
de groenteboer
  greengrocer
groot *big*
de grootouder
  grandparent
de gulden *guilder*

het haar *hair*
de haast *haste*
haasten *to hurry*
halen *to fetch*
de hals *neck*
het hapje *snack*
hard *fast*
hartelijk *hearty*
hebben *to have*
heel *very, whole*
helaas *unfortunately*
helpen *to help*
de herfst *autumn*
herhalen *to repeat*
heten *to be called*
hier *here*
hoe *how*
de hoek *corner*
de hoest *cough*
hoesten *to cough*
hoeveel *how much*
het hoofd *head*
het hoofdgerecht *main
  course*
de hooikoorts *hay fever*
houden van *to like*
het huis *house*
de huisarts *General
  Practitioner*
het huiswerk *homework*
humeurig *cross*
humor *humour*
het idee *idea*
ieder *each*
iemand *someone*
iets *something*
het ijs *ice, ice-cream*
de ingang *entrance*
ingewikkeld *complicated*

inleveren *to hand in*
instappen *to get in*
interessant *interesting*
(zich) interesseren *to be interested*
het jaar *year*
het jaargetijde *season*
de jas *jacket*
jeuken *to itch*
jong *young*
de jongen *boy*
de jurk *dress*
jus d'orange *orange juice*

de kaart *map, ticket*
het kaartje *ticket*
de kaas *cheese*
de kabeljauw *cod*
de kam *comb*
de kamer *room*
kamperen *to camp*
de kans *chance*
het kantoor *office*
kapot *broken*
de kapsalon *hairdressers*
de keel *throat*
de, het keer *turn, time*
de kennis *acquaintance, knowledge*
de kerk *church*
de ketting *necklace*
de keuken *kitchen*
de keuze *choice*
kijken *to look*
het kind (pl. kinderen) *child*
de kip *chicken*
de klant *client, customer*
klein *small*
het kleingeld *change*
klemmen *to stick, jam*
de kleren (pl.) *clothes*
de kleur *colour*
knippen *to cut*
de knop *handle*
de koekepan *frying pan*
het koekje *biscuit*

koel *cool*
de koffie *coffee*
koken *to cook*
komen *to come*
het kompas *compass*
de kool *cabbage*
de koorts *fever*
kopen *to buy*
kort *short*
kosten *to cost*
koud *cold*
de krant *newspaper*
de kreeft *lobster*
krijgen *to get*
de kruidenier *grocer*
het kruispunt *crossroads*
de krul *curl*
kunnen *to be able*
de kunst *art*
de kunstenaar (-ares) *artist*
kussen *to kiss*
het kwart *quarter*

het lichaam *body*
de laars *boot*
laat *late*
het lamsvlees *lamb (meat)*
het land *country*
lang *long*
langs *along*
langzaam *slow, slowly*
laten *to allow, let*
de leeftijd *age*
leeg *empty*
leggen *to put, lay*
lekker *tasty*
lenen *to lend, borrow*
de lening *loan*
de lente *spring*
de leraar (-ares) *teacher*
leren *to teach, learn*
de les *lesson*
leuk *nice*
lezen *to read*
het licht *light*

licht *light*
de lijn *route, line*
de lijst *list*
de literatuur *literature*
logeren *to stay*
het loket *ticket office*
de lokettist(e) *ticket clerk*
lopen *to walk*
de lucht *air*
luisteren *to listen*
lunchen *to have lunch*
de lunchpauze *lunch break*

de maag *stomach*
de maaltijd *meal*
de maand *month*
maar *but*
de maat *size*
mager *thin*
maken *to make*
makkelijk *easy*
de manier *manner*
matig *moderate*
de medewerker (-ster) *assistant*
meebrengen *to bring with*
meekomen *to come with*
meenemen *to take with*
meer *more*
meest *most*
meestal *usually*
het meisje *girl*
de melk *milk*
de meloen *melon*
de mens *person*
meteen *straightaway*
het meubel *piece of furniture*
het midden *middle*
minder *less*
minst *least*
de minuut *minute*
misschien *perhaps*
misselijk *sick*
modieus *fashionable*
moe *tired*

de moeder *mother*
moeilijk *difficult*
moeten *to have to*
mogen *to be permitted to*
de mond *mouth*
mooi *beautiful*
de morgen *morning*
morgen *tomorrow*
de mossel *mussel*
de mouw *sleeve*
de muziek *music*

na *after*
de naam *name*
naar *to*
naast *next*
de nacht *night*
nadenken *to think about*
het nagerecht *dessert*
het najaar *autumn*
nat *wet*
de nationaliteit
    nationality
natuurlijk *natural,*
    naturally
nemen *to take*
net *neat*
het netwerk *network*
niets *nothing*
nieuw *new*
nodig *necessary*
nog *yet, still*
nu *now*
het nummer *number*

de ober *waiter*
de ochtend *morning*
de oefening *exercise*
het ogenblikje *moment*
de olie *oil*
om *about, around*
de oma *grandma*
omgaan *to go round* (with)
de omgeving
    surroundings
het ontbijt *breakfast*
ontbijten *to have*

breakfast
ontmoeten *to meet*
de onweersbui *storm*
onweren *to storm*
het oog *eye*
ook *also*
de oom *uncle*
het oor *ear*
de opa *grandpa*
opbellen *to ring up*
openbaar *public*
ophalen *to fetch*
ophangen *to hang up*
opnemen *to pick up*
oppassen *to look after*
opschrijven *to write down*
opstaan *to get up*
opzoeken *to visit*
oranje *orange* (colour)
oud *old*
de ouder *parent*
ouderwets *old-fashioned*
overal *everywhere*
het overhemd *shirt*
overstappen *to change*
    (buses, etc.)
oversteken *to cross* (road)

het paar *pair*
een paar *few*
paars *purple*
het pak *suit*
het pakje *parcel*
het papier *paper*
passen *to try on*
passeren *to pass*
de patat *chips* (French
    fries)
de pauze *break*
de peer *pear*
het perron *platform*
de persoon *person*
de perzik *peach*
de pijn *pain*
het pilletje *pill*
de pils *beer*
het pilsje *glass of beer*

de plaats *place*
plaatselijk *local*
het plakje *slice*
het platteland *country*
    (side)
de poes *cat*
de politie *police*
de politieagent
    policeman / woman
het politiebureau *police*
    station
het postkantoor *post office*
prachtig *wonderful*
de praktijk *practice*
praten *to talk*
de prei *leek*
prettig *nice*
het probleem *problem*
het programma
    programme
het project *project*

het raam *window*
raar *strange*
de radijs *radish*
het recept *recipe,*
    prescription
rechtdoor *straight ahead*
redelijk *reasonable*
de reden *reason*
de regen *rain*
de reis *journey*
het reisbureau *travel*
    agent
de rekening *account*
repareren *to repair*
de restauratie *station*
    buffet
het retour *return*
de richting *direction*
de riem *belt*
rijden *to drive*
de rijst *rice*
de rok *skirt*
rond *round*
rood *red*
de room *cream*

de rotonde *roundabout*
de rug *back*
de rugzak *rucksack*
het rundvlees *beef*
rustig *quiet*

saai *boring*
samen *together*
het sap *juice*
schaatsen *to skate*
schaken *to play chess*
de schelvis *haddock*
schijnen *to seem*
schilderen *to paint*
het schilderij *painting*
de schoen *shoe*
de scholvis *plaice*
schoonmaken *to clean*
de schotel *dish*
de schouwburg *theatre*
schreeuwen *to scream*
schrijven *to write*
de secretaresse *secretary*
de sinaasappel *orange*
   (fruit)
sinds *since*
de sla *lettuce*
de slager *butcher*
slank *slim*
slapen *to sleep*
slecht *bad*
slechts *only*
de sleutel *key*
de sluis *lock* (canal etc.)
smaken *to taste*
smeren *to spread*
sneeuwen *to snow*
snel *fast*
snijden *to cut*
het snoepje *sweet*
de soep *soup*
soms *sometimes*
het soort *type*
het souterrain *basement*
sparen *to save*
de speelfilm *film*
spelen *to play*

de sperzieboon *green bean*
de spijkerbroek *jeans*
de spinazie *spinach*
het spoorboekje *railway timetable*
de spoorweg *railway*
sporten *to play sport*
het spreekuur *surgery time*
spreken *to speak*
staan *to stand*
de stad (pl. steden) *town*
stempelen *to cancel*
   (ticket)
sterk *strong*
stijf *stiff*
stil *quiet*
de stoel *chair*
het stoplicht *traffic light*
stoppen *to stop*
storen *to disturb*
de straat *street*
straks *soon*
de stropdas (neck) *tie*
studeren *to study*
het stuk *piece*
de suiker *sugar*
de supermarkt *supermarket*
het symptoom *symptom*
het systeem *system*

de taal *language*
de tafel *table*
tamelijk *fairly*
de tandarts *dentist*
de tandenborstel *toothbrush*
de tandpasta *toothpaste*
de tante *aunt*
de tas *bag*
tegen *against, to*
de tekst *text*
de telefoon *telephone*
het telefoonnummer *telephone number*
tennissen *to play tennis*

de tentoonstelling *exhibition*
terug *back*
terugkomen *to come back*
de thee *tea*
thuis *at home*
de tijd *time*
het tijdschrift *magazine*
tikken *to type*
het toetje *'afters'*
de tomaat *tomato*
het toneel *stage*
tot *to*
de trein *train*
trouwens *indeed*
de trui *sweater*
de tuin *garden*
tussen *between*
tweedehands *secondhand*

de ui *onion*
uit *out*
uitgebreid *extensive*
uitkleden *to undress*
uitreiken *to give out*
de uitslag *result*
het uitstapje *trip*
uitstekend *excellent*
het uitzicht *view*
de universiteit *university*
het uur *hour*

vaak *often*
de vader *father*
de vakantie *holiday*
vallen *to fall*
van *of, from*
vanaf *from*
vanavond *this evening*
vandaag *today*
vanmiddag *this afternoon*
vanochtend *this morning*
vanuit *from*
het varen *to sail*
het varkensvlees *pork*
veel *much, many*
ver *far*